세상에서 가장 안전한 이름, 안철수연구소

세상에서 가장 안전한 이름 안철수연구소

지은이_ 안철수연구소 사람들
텍스트 디렉터_ 박지영

1판 1쇄 발행_ 2008. 6. 20.
1판 5쇄 발행_ 2009. 11. 11.

개정판 1쇄 발행_ 2010. 8. 25.
개정판 5쇄 발행_ 2011. 10. 28.

발행처_ 김영사
발행인_ 박은주

등록번호_ 제406-2003-036호
등록일자_ 1979. 5. 17.

경기도 파주시 교하읍 문발리 출판단지 515-1 우편번호 413-756
마케팅부 031)955-3100, 편집부 031)955-3250, 팩시밀리 031)955-3111

값은 뒤표지에 있습니다.
ISBN 978-89-349-4040-1 03320

독자의견 전화_ 031)955-3200
홈페이지_ http://www.gimmyoung.com
이메일_ bestbook@gimmyoung.com

좋은 독자가 좋은 책을 만듭니다.
김영사는 독자 여러분의 의견에 항상 귀 기울이고 있습니다.

세 상 에 서   가 장   안 전 한   이 름

안철수연구소

THE SAFEST
NAME IN THE
WORLD

안철수연구소 사람들 지음

김영사

또한 직접적인 도움과 조언을 아끼지 않는 수많은 고객들, 그리고 손을 잡고 이끌어준 수많은 국민들이 없었다면 지금의 안철수연구소는 존재하지 못했을 것입니다. 이분들의 관심과 성원에 힘입어, 지난 15년간을 한결같이 흔들리지 않고 제 자리를 잡아나갈 수 있었습니다. 그리고 지금보다 더 어려울 수도 있는 앞날을 헤쳐 나갈 힘도 이러한 분들로부터 나올 것입니다.

개정판 출간에 맞춰 다시 한번 안철수연구소 직원 여러분, 그리고 묵묵히 성원을 보내주신 많은 분들께 진심어린 감사의 마음을 전하고 싶습니다. 그리고 안철수연구소 구성원 한 사람 한 사람이 현실에 만족하거나 머무르지 않고, 위험이 있더라도 새롭게 도전함으로써 우리 모두를 위한 새로운 가치를 창출하는, 기업가정신을 몸소 실현하는 롤 모델이 되어주기를 기대하고 또 응원하겠습니다.

2010년 8월

이사회 의장 안철수

600명의 안철수가 뛰는 영혼이 있는 기업

제가 안철수연구소 CEO로 경영을 맡은 지 3년이 되었습니다. 그리고 이 책의 초판이 나온 지도 3년이 되었습니다. 그 동안 안철수연구소는 주력 분야인 정보보안뿐 아니라 종합적인 소프트웨어 기업으로 거듭나고자 노력한 결과 스마트폰, 소셜 네트워크, 클라우드 등 주요 IT 영역에서 리더십을 발휘하는 기업이 되었습니다. 아울러 하드웨어 기반, 대기업 위주의 산업 구조가 한계를 드러내는 상황에서 소프트웨어 산업의 불씨를 살리고자 고군분투하고 있습니다. 벤처 정신과 연구개발 인프라, 핵심 원천 기술을 보유한 리더로서 혁신적인 소프트웨어를 창조하고 양질의 일자리를 많이 창출하고자 합니다.

안철수연구소에는 열정과 실력을 갖춘 인재가 많습니다. 이들이 보안, 더 나아가 IT 리더로 성장하고, 국내외 업계 곳곳에서 활약하는 전문가로서 인정받도록 하고 싶습니다. 또한 우리가 축적하는 가치, 고객에게 기울이는 정성, 불철주야 연구 개발에 몰두하는 노력이 합쳐져 시너지를 내고, 그것을 발판으로 존경 받는 글로벌 기업으로 도약하고자 합니다.

이 책에는 그 비전을 이루고자 함께 분투하는 600여 명의 '또 다른 안철수들'의 이야기가 담겨 있습니다. 15년 이상의 발자취와, 핵심 가치를 지키기 위해 노력해온 모습을 구성원들이 직접 집필한 것입니다.

안철수연구소는 기업도 사회의 일원이고, 사회에 기여할 수 있는 의미 있는 일을 하는 것이 기업의 존재 의미이며, CEO나 구성원이 바뀌어도 핵심 가치가 유지되는 '영혼이 있는 기업'을 본질이라 정의합니다. 그리고 본질에 충실하면 이윤은 자연적으로 따라온다는 철학으로 15년 넘게 걸어왔습니다.

또한 기존 관행을 깨고 투명 경영을 모범적으로 실천한 벤처 기업으로서, 척박한 환경에서 기술력으로 성공을 일구어온 소프트웨어 기업으로서, 외국 기업의 공략으로부터 국내 사용자들을 지켜온 정보보안 기업으로서 독보적인 자리를 지켜왔습니다.

그러나 이제까지 해왔던 것보다 앞으로 지속적으로 생존하고 성장하는 것이 더 큰 과제라고 생각합니다.

그래서 새로운 10년, 100년을 준비하는 시점에 하나의 마디를 새기고 결의를 다지고자 합니다.

이 책에는 안철수연구소의 과거, 현재, 미래가 들어 있습니다. 오늘이 있기까지 주요 변곡점에 해당하는 주요 사건들을 경영진이 아닌 일반 구성원들의 시각에서 그렸습니다. 그런 역사들이 현재 어떻게 자리 잡고 앞으로 어떻게 발전해갈지 유추할 수 있을 것입니다.

1장 '영혼이 있는 기업, 꿈을 쏘다'와 2장 '사람이 있는 기업, 날갯짓을 하다'에서는 안철수연구소의 태동과 성장 배경, 생존기를 거치며 쌓아온 의미 있는 에피소드를 중심으로 안철수연구소의 역사를 한눈에 이해할 수 있도록 구성했습니다. 3장 '우리가 이 땅에서 일하는 이유'는 구성원의 신념이 모여 기업의 큰 가치와 철학을 형성한다는 점과, 경영 원칙 및 핵심 가치를 담았습니다. 4장 '꺼지지 않는 불빛, 벤처 25시'에는 고객 만족 경영의 의지와 실천 사례를 엮었으며, 5장 '우리는 우리를 경영한다'에서는 핵심 인재상과 독특한 기업 문화를 안내합니다. 6장 '불가능, 그것은 도전이다'와 7장 '글로벌 소프트웨어 기업을 꿈꾸다'에서는 대한민국 1위의 보안 기업을 넘어 세계 일류 통합 보안 기업으로 나아가기 위한 전략을 공유합니다. 마지막으로 8장 '글로벌 무대에서 존경받는 기업으로'에는 새로운 IT의 흐름을 예리하게 포착하고 주도함으로써 미래를 그려나가는 역동적인 모습을 담았습니다.

자랑할 만한 결실은 물론 부끄러운 시행착오까지도 감히 소개해 또 다른 안철수연구소를 꿈꾸는 벤처기업들이 타산지석 혹은 반면교사로 삼도록 하려 합니다. 그런 의미에서 이 책은 단순히 안철수연구소의 성공담이 아니라 척박한 환경에서 어떤 역경을 딛고 미흡하나마 지금의 자리에 오기까지 도전해온 한 벤처기업의 이야기로 읽히기를 바랍니다.

개정판이 나오기까지 노심초사한 김영사 관계자와 사내 필자들, 그 밖에 도움을 주신 직원들께 진심으로 감사드립니다.

2010년 8월

대표이사 김홍선

CONTENTS

THE SAFEST NAME IN THE WORLD

01

영혼이 있는 기업, 꿈을 쏘다

가치 있는 일에
희망을 던져라

사람이 결정적인 선택을 하는 데는 반드시 어떤 운명적인 준비를 통해 거대한 힘이 휘둘러지는 것은 아니다. 미약한 원인으로부터 거부할 수 없는 운명이 자극받을 뿐이다.

1988년 5월, 의대 박사 과정에 있던 안철수는 컴퓨터를 켜는 순간 등골이 오싹해지는 경험을 했다. 플로피디스켓을 통해 말로만 듣던 브레인 바이러스가 침입해 화면에 떡 하니 '브레인'이라는 이름을 띄우고 있는 것이 아닌가.

어라, 어라 하는 사이에 명치끝에서부터 뭔가가 꿈틀거렸고 '천하의 불한당, 뭐하는 놈이냐?' 하고 물을 틈도 없이 그의 손은 어느새 그놈의 속을 해부하기 시작했다. 천방지축 호기심이 불쑥 고개를 내밀었던 것이다. 어릴 적부터 눈에 띄는 건 죄다 뜯어봐야 직성이 풀리는 고집통이인 줄 모르고 그놈의 컴퓨터 바이러스가 사람을 잘못 골랐다.

마침 기계어를 공부해둔 덕분에 바이러스에 대한 대강의 원리를 파악하고 나자 치료에 대한 자신감이 펄펄 날았다. 시간? 충분하고 말고. 한 숨 두 숨 심호흡을 하던 그가 잽싸게 수화기를 집어 들었다.

"혹시… 잡지에 실을 수 있을까 해서요. 요즘 전 세계에 엄청난 피해를 입히고 있는 놈, 그러니까… 브레인 바이러스를 분석했거든요. 치료 방법도 찾았어요."

잡지에 실릴 원고 마감 때까지 작업을 마칠 수 있다는 확신으로 소프트웨어 개발자들의 등용문이던 〈마이크로소프트웨어〉지의 임영선 편집장에게 전화를 했던 것이다. 그 전화는 이후 안철수의 삶을 180도 바꿔 놓는 운명의 선택으로 자리 잡았다.

"컴퓨터 바이러스를 치료한다? 치료를 해?"

이 말이 이명처럼 귓가에 맴도는 사이 그는 컴퓨터 바이러스 진단/치료 프로그램을 만들어냈다. 그것이 바로 백신Vaccine이라 이름 붙인 V3이다. 안철수는 한달음에 잡지사로 달려갔다. 그렇다고 대단한 일을 해낸 듯 호들갑을 떨었던 것은 아니다. 그저 자신이 만든 백신이 누군가에게 도움이 된다는 사실에 기분이 좋았을 뿐이다.

그해 7월, 〈마이크로소프트웨어〉지에 브레인 바이러스를 치료할 수 있는 방법이 특집기사로 실렸고, 8월에는 아예 바이러스 방역센터를 운영한다는 공지문이 게재되었다.

이후, 안철수의 하루하루는 밝음과 어둠이 경계 없이 포개졌다

갈라지며 밤이 되고 아침이 되기를 거듭했다. 잠자는 시간이 아까워 전등을 발명한 에디슨처럼 평균 수면의 반 토막만 자던 시간마저 잘라내 가며 일에 매달렸다.

사용자가 바이러스 샘플을 디스켓에 담아 잡지사에 보내면 안철수는 잡지사를 방문해 그것을 찾아왔다. 겁 없이 날뛰는 바이러스를 퇴치하기 위해 어떻게든 묘수를 찾아내는 것이 안철수의 몫이었다. 한 달여를 씨름한 끝에 백신이 개발되면 안철수는 그 프로그램을 디스켓에 저장해 잡지사로 가져갔다. 백신을 필요로 하는 사용자들은 그것을 복사해갔고, 그런 일은 계속해서 이어졌다.

컴퓨터에 백신 주사를 놓는 일에 특별한 대가가 따랐던 것은 아니다. 그럼에도 그는 의대 박사 과정을 마치고 군의관을 거치는 7년여 동안 새벽 3시에 일어나 계속 백신 개발에 매달렸다. 나아가 테스터, 기술지원, 고객지원 역할까지 떠맡느라 몸뚱이가 내지르는 비명을 정신으로 꾹 눌러야만 했다. 간혹 사용자 집까지 방문해 문제의 실체를 파악하는가 하면, 이메일과 전화 문의에 일일이 답하고 테스트까지 해냈다.

그렇다고 컴퓨터 바이러스 치료라는 불모지에서 참고할 만한 자료나 조언을 해주는 사람이 있던 것도 아니었다. 혼자 부딪히고 깨지고 뒹굴어가며 하나하나 터득하는 것 외에 뾰족한 방법이 없었다. 안철수가 그 불모지에 온몸을 던져 땅을 일궈낸 덕분에 국내 사용자들은 예루살렘, 미켈란젤로 등의 컴퓨터 바이러스가 출몰할 때마다 무료로 치료하는 혜택을 누릴 수 있었다.

그런데 시간의 흐름과 함께 안철수에게 선택의 순간이 다가왔다. 어디에도 속하지 않은 경계인으로서 둘 중 하나를 버리는 것이 아니라 하나를 선택해 모든 것을 걸어야 하는 상황에 놓이게 된 것이다. 제 갈 길도 알지 못한 채 점수에 맞춰 대학에 가고, 직장 구할 나이가 되면 적당히 돈이 맞는 직장을 선택하는 떠밀리는 식의 삶이 아닌 기회와 희망에 집중하는 선택 말이다.

의대 교수로의 발령을 앞둔 시점에서 안철수는 전보다 더한 책임을 안고 학생들과 후배 교수들을 챙기며 의학을 연구할 것인지, 아니면 기하급수적으로 늘어나는 컴퓨터 바이러스는 물론 급속히 발전하는 컴퓨터 환경을 연구할 것인지 선택해야만 했다.

이미 어떤 경계를 넘어선 안철수는 오래 망설이지 않았다. 시작부터 발끝에 자갈이 서걱서걱 밟히는 그 길이 얼마나 험난할지는 충분히 짐작할 수 있었지만, 그는 배수진을 치는 것처럼 아예 브레이크를 꺾어버렸다. 사실 안정적인 의대 교수직을 버리고 불안정한 백신 프로그램 개발자의 길을 가겠다고 마음먹는 것은 평범한 선택이 아니었다. 그래도 그것은 사회에 꼭 필요한 일이었고 누군가는 해내야 하는 일이었다. 무엇보다 안철수는 그 길에서 불확실성이 주는 호기심에 이끌렸고, 보람이 있을 거라는 희망도 보았다.

세상에 호기심을 끌어당기고 보람까지 안겨주는 일이 어디 흔한가? 안정을 추구하는 사람들은 대개 안전지대에 머물기를 희망하지만, 그에게 안전지대에 주저앉아 미래의 희망을 흐리는 것은 낯선 논리에 지나지 않았다. 그렇다고 선택이 모든 것을 해결해주는 것

은 아니다. 아무리 탁월한 선택을 했더라도 행동 없이 결과를 얻을
수는 없다.

과연 혼자서 그 많은 바이러스를 퇴치할 수 있을까? 혼자서 해낼
수 없다면 어떤 방법을 찾아야 할까? 안철수의 선택은 그렇게 현실
이라는 숱한 얼개와 맞닥뜨리게 되었다. 어깨를 뻐근하게 짓누르는
현실의 무게는 결코 가볍지 않았다. 그래도 가능하면 긍정적으로
생각해보려 애썼다. 생각의 무게를 계속 '되는 쪽'으로 밀어대던 안
철수는 어느 순간 뒤통수를 긁적이며 혼잣말을 했다.

"결국 모든 일은 인간이 이뤄낼 수 있는 '하나의 일' 이상도 이하
도 아니다."

현실에서 희망까지의 거리

1994년 7월, 프로그램 개발자의 삶을 선택한 안철수는 먼저 비영
리법인 형태의 컴퓨터 바이러스 연구소를 설립하기 위해 계획을 세
웠다. 더불어 자신이 개발한 프로그램 소스와 자료를 모두 무상으
로 제공한다는 조건으로 대기업과 정부기관을 상대로 설득에 들어
갔다.

"아니, 공짜라면서 연구소가 왜 필요합니까?"

컴퓨터 바이러스를 막는 백신 개발은 정보 강국으로 가는 지름길
이라고 여기는 선각자 안철수와 결정권을 쥐고 관망하는 자세를 보
이는 사람들과의 간극이 너무 멀었다. 출발부터 무겁고 긴 한숨이

절로 나올 만큼 주위의 반응은 차가웠고, 안철수의 가슴속에 품은 꿈은 꾸덕꾸덕 마르는 듯했다.

당시 안철수가 가장 바람직하다고 생각한 첫 번째 모델은 PC를 생산하는 대기업과 PC 통신업체 사이에 컨소시엄을 구성하는 것이었다. 이것은 대기업이 공동출자로 연구소를 운영하고 개발된 백신을 종전처럼 일반 사용자에게 무료로 공급해주는 방식을 말한다. 이것이 여의치 않을 경우, 자금력 있는 단일 대기업이 공익 차원에서 연구소를 운영하는 게 두 번째 모델이었다. 그밖에 정부기관에서 연구소를 맡아 운영하는 방안도 검토했고, 심지어 동아리 형태의 연구소도 염두에 두었다. 그러나 어느 누구도 도와주지 않았다.

개중에는 이 일에 적극 나서는 것이 회사 내에서 자신의 입지를 유지하는 데 전혀 도움이 되지 않는다고 은연중에 내비치는 사람도 있었다. 이미 내부적으로 불가 결정을 내린 대기업이 기업 이미지 때문에 2~3개월이나 통고를 미루는가 하면, 경영 적자로 연구소 설립을 도울 여유가 없다는 뜻을 전해오는 대기업도 있었다.

막막했다. 바늘 끝보다 예리한 뭔가에 폐부 깊숙한 곳을 찔리는 듯한 느낌이었다. 물론 무방비 상태의 습격은 아니었지만, 가치 있는 일에 모든 것을 걸었는데 막상 일이 난관에 부딪히자 안철수는 온몸의 신경이 빳빳하게 경직되는 것 같았다.

끝 모를 고뇌에 빠져들다 문득 고개를 드니 창문 너머 네모난 세상이 눈에 가득 들어왔다. 그 네모난 세상 한 귀퉁이에 언제 떠올랐는지 달이 비스듬히 걸려 있었다.

'내가 있는 이곳에서 저 달, 아니 현실에서 희망 성취까지의 거리는 대체 얼마나 될까? 분명 가깝지 않을 것이다. 하지만 가보지 않고는 절대 그 거리를 알 수 없지 않은가!'

생각이 여기에 미치자 안철수는 내면의 다짐을 소리로 만들어냈다.

"그래, 가보는 거야. 헤쳐 나가자고."

세상일은 생각하는 대로 된다더니 그의 다짐이 우주에 닿았는지 그즈음 한 독지가가 지지부진하던 안철수연구소의 설립을 돕겠다고 나섰다. 그렇게 기회와 희망이 통째로 눈앞에 어른거리며 안철수는 길 위에서 잃었던 길을 다시 찾는가 싶었다.

간절히 바란다면 방법을 모색하라

시간이 가난한 사람이 시간 부자가 되는 가장 좋은 방법은 일손을 구하는 것이다. 가능하면 뜻이 맞고 컴퓨터에 미쳐 있는 사람을 찾고 싶었다. 이때 불현듯 떠오른 이름이 고정한이었다.

고정한은 1200bps, 2400bps 전화접속모뎀을 사용하던 1990년 초 PC통신(하이텔, 천리안, 나우누리 사설 게시판 등)에 접속해 활발한 동호회 활동을 하고 있었다. 그는 PC통신 게시판에 바이러스와 관련된 질문이 올라오면 그 하나하나에 댓글을 달아놓곤 했다.

그 무렵에는 컴퓨터 바이러스 감염을 피하려면 손을 깨끗이 씻어야 하는 줄로 알 만큼 바이러스에 대한 정보가 많지 않았기 때문에 질문 수준이 그리 어렵지 않았다. 최신 버전 백신으로 바이러스를 치료하려면 어떻게 해야 하느냐고 묻기도 했고, 컴퓨터가 조금만 이상하면 무조건 바이러스라고 우기는 사람도 있었다.

한 번은 자신이 다니던 학교 전산실 컴퓨터가 바이러스에 감염된 채 방치되어 있는 것을 보고 V3를 저장한 5.25인치 디스켓을 가져가서 컴퓨터를 치료하기도 했다. 그렇게 PC통신을 한 지 4년쯤 지나자 국내에 유입된 바이러스 수가 급격히 늘어났고, 동시에 V3도 계속 업데이트되었다.

당시 활발하게 PC통신에 참여하던 고정한은 V3를 개발한 안철수라는 사람이 몹시 궁금했다. 사용자들의 질문에 대한 답을 모를 때는 더더욱 안철수가 생각났다. 그는 용기를 내 안철수에게 이메일을 보냈고 안철수의 꼼꼼한 답변으로 질문에 대한 답을 구할 수 있었다.

1994년, 성급한 가로수 잎이 도로를 나뒹굴 즈음 고정한은 안철수로부터 함께 일해보지 않겠느냐는 제안을 받았다. 컴퓨터 작업을 좋아하는 데다 마침 취업을 준비하고 있던 고정한으로서는 마다할 이유가 없었다.

그런데 간신히 손발을 맞출 사람을 찾고 난 안철수에게 느닷없는 날벼락이 떨어졌다. 후원을 약속한 독지가가 개인적인 사정으로 연구소 설립을 도와줄 수 없다고 통보해온 것이다. 사무실 구할 형편이 되지 않았던 안철수는 자신의 집을 임시 사무실로 쓸 수밖에 없었다. 그렇게 해서 회사 창업 멤버 중 한 명인 고정한은 공교롭게도 안철수의 집에서 첫 업무를 보게 되었다.

고정한의 하루 일과는 오전 9시에 안철수의 집 초인종을 누르는 것으로 시작되었다. 그는 저녁 6시 전후로 퇴근할 때까지 안철수 딸의 PC로 작업을 했다. 이메일 확인은 물론 PC통신 게시판 관리 및 질문에 응대하기가 그의 주요 업무였다.

이메일의 경우, 그가 직접 처리할 수 있는 것은 답변을 정리한 후 안철수의 검수를 받고 답변을 해주었다. 또한 통신망의 소프트웨어 개발자 관련 게시판에 올라오는 일반 사용자의 문의에도 답변을 했다. 중복되는 질문에 효율적으로 응답하기 위해 FAQ(많은 사람이 빈번하게 하는 질문을 별도로 정리해 관련 응답을 쉽게 찾아볼 수 있도록 한 것) 게시판을 만들었는데 그 수가 100여 개가 넘었다.

일은 흥미로웠고 보람도 있었다. 문제는 급여였다. 당시에는 안철수도 직장이 없었기 때문에 수입이 전혀 없는 상태였다. 군의관 퇴직금과 원고료 등으로 근근이 버티던 안철수가 백신 개발을 위해 한 달에 쏟아 붓는 돈은 100만 원이 훌쩍 넘었다.

장시간 컴퓨터 통신을 이용하는 접속비가 수십만 원, 10여 권에 달하는 컴퓨터 잡지 구독료, 그리고 외국 소프트웨어 구입비 등 들어오는 것은 없는데 쓸 곳은 아주 많았다. 여기에 고정한, 자신의 급여까지 보태고 있었으니 한 집안의 가장으로서 병원에서 일하는 아내의 도움을 받아야 하는 안철수를 지켜보던 고정한은 당연히 고민이 될 수밖에 없었다. 그러나 안철수는 고정한의 심적 갈등에 아랑곳하지 않고 일에 파묻혔고 때가 되면 직접 점심식사를 차려주기까지 했다. 그런 안철수를 보고 있던 고정한은 무엇이 안철수를 그토록 열정적으로 끌어당기고 있는지 궁금했다.

'대체 무엇일까? 무엇이 저토록 사람의 마음을 붙들어 매는 것일까?'

아무런 소득도 없는 일에 자신의 돈까지 쏟아 붓는 것을 보며 이런 생각을 하지 않는다면 오히려 그게 이상한 노릇이다.

'이 일이 그토록 대단한 것일까? 대체 뭘 위해서?'

당시 고정한은 의문에 의문을 거듭하던 그 물음표가 강하게 뒤통수를 치면서 느낌표로 다가올 줄은 짐작조차 하지 못했다.

얼마 후, 한글과컴퓨터사에서 1년에 5억 원의 매출을 보장하겠다는 내용의 제안이 들어왔다. 회사의 전반적인 운영과 제품 개발은 안철수연구소가 맡고, V3 판매권은 한글과컴퓨터사가 독점적으로 갖겠다는 조건이었다. 이것은 한글과컴퓨터사의 영업과 마케팅을 맡고 있던 박상현 이사가 이찬진 사장을 설득한 결과로, 안철수로서는 선뜻 내키지 않는 제안이었다. 독점 판매권을 내주는 것도 그렇지만 비영리법인의 꿈이 깨질 수밖에 없는 현실이 안타까웠기 때문이다.

고심 끝에 안철수는 제안을 받아들였다. 당시에는 그것이 V3의 맥을 잇고자 하는 그의 간절함을 현실화할 수 있는 유일한 선택이었다. V3가 지속적으로 개발되고 품질 면에서 경쟁력을 가지려면 시장 환경에 적극 대응하는 시스템이 필요했던 것이다.

일단 둥지를 틀었으니 그 둥지를 다져야 했다. 그런데 험난한 세월을 함께하자고 선뜻 손을 내밀 만한 사람, 일과 마음을 함께 나눌 만한 사람을 찾기가 쉽지 않았다. 물론 마음에 담아둔 사람이 있었지만 가야 할 길이 가시밭길임을 알기에 덥석 손을 내밀 수가 없었다.

그러나 안철수는 오래 고민할 처지가 아니었다. 그는 열정과 책임감을 빼고 나면 아무것도 남지 않는 30대 초반의 김현숙을 찾아갔다. 컴퓨터 잡지사의 필자와 기자 관계로 만난 그녀는 이미 다른 잡지사로부터 스카우트 제의를 받고 있던 상태였다. 그럼에도 김현숙은 안철수가 내민 손을 흔쾌히 잡아주었다.

그러나 악수의 체온이 사라지기도 전에 김현숙은 주변의 온갖 만류에 귀가 먹먹해질 지경이었다. 벤처라는 개념조차 없던 시절이었으니 그녀를 아끼는 많은 사람이 그녀의 모험에 반대를 하는 것은 당연했다.

그녀가 그 모든 반대를 무릅쓴 이유는 딱 한 가지였다. 뭔가 있을 것 같았다. 안철수와 함께하는 일이 사업 모델로 나쁘지 않다는 판단이 섰고, 무언지 모르지만 분명 뭔가가 있을 것 같았다.

돈과 인재가 만났으니 백신 연구소 설립에 걸림돌은 없었다. 1995년 2월 1일, 서초동 골목의 한판빌딩에 둥지를 튼 안철수연구소는 안철수, 김현숙, 고정한이 주축이 되어 업무를 시작했다. 그리고 2월 16일에는 기자회견을 열어 포부도 당당하게 안철수연구소의 설립 계획을 발표했다.

그러나 본격적으로 바이러스 퇴치 작전을 수행하려면 현재의 인원으로는 어림도 없었다. 3월 초, 한글과컴퓨터사로부터 자금이 수

혈되자 신문에 직원모집 공고를 냈다. V3에 대한 인지도 덕분에 안철수의 이름을 보고 몰려든 인원이 150여 명이나 되었다. 그런데 안타깝게도 안철수연구소에서 절실하게 필요로 했던 개발 인력은 뽑을 수가 없었다. 컴퓨터 백신을 만들어본 경험자가 없었던 것이다.

사업체를 꾸려나가려면 다른 인력 역시 필요했기에 제품 기획과 홍보 업무, 경리와 총무 업무, 4대 통신망 바이러스 상담 업무 등을 위해 박준식을 비롯한 4명의 직원을 충원했다.

그로부터 사흘 뒤인 3월 15일, 달랑 일곱 명을 태운 안철수연구소호는 닻을 올렸고 미증유의 망망대해를 향한 긴 여정에 올랐다. 끝이 보이지 않는 바다 위, 멀리서 출렁대는 물결이 당장이라도 뱃머리로 쏟아질 듯 위태위태했지만 일곱 명의 선원은 그 너머의 부푼 희망을 바라보며 앞으로 나아갔다. 영혼이 있는 승부에 집중하고 있던 그들의 눈길은 이미 희망이 있는 목표점에 닿아 있었다.

시장은
만드는 자의 것

둥지에서의 돌멩이 투척 사건

크든 작든 조직의 성패를 가르는 중요한 요소는 내부의 융화와 단합이다. 비록 주식회사 형태로 설립되긴 했어도 규모 면에서 구멍가게 수준에 지나지 않던 안철수연구소는 내외적으로 그다지 큰 어려움은 없었다. 회사는 연구 개발만 하고 마케팅 및 판매는 한글과컴퓨터사가 전담했기 때문이다. 더욱이 백신 연구소라 자연스럽게 학습 분위기가 형성되었고 융화와 단합 면에서 딱히 우려할 만한 것은 없었다.

사무실의 하루는 직원들이 가족처럼 옹기종기 모여 앉아 바이러스와 백신을 학습하는 것으로 시작되었다. 그러다 보니 직원 개개인이 맡은 업무가 있긴 했어도 네 일, 내 일에 대한 경계를 긋지 않았다. 조용하던 사무실에 전화벨이 울려 정적을 깨뜨리면 직원들은 누가 먼저랄 것도 없이 재빨리 수화기를 집어 들었다.

김현숙은 밝게 웃으며 당시의 에피소드를 털어놓았다.

"그때는 사무실로 전화를 하는 사람이 별로 없었어요. 특히 고객 문의 전화는 아주 드물었죠. 자기 일에 푹 파묻혀 있던 직원들은 전화벨이 울리면 갑자기 눈빛이 확 달라졌어요. 누가 먼저랄 것도 없었지요. 모두가 그랬으니까. 전화벨 소리가 나기 무섭게 서로 전화를 받으려고 전화기 앞으로 달려갔습니다. 가장 먼저 수화기를 집어든 직원의 그 만족스런 모습이라니… 얼굴 가득 주름이 확 지도록 웃으면서 평소와 달리 자신이 만들어낼 수 있는, 지상에서 가장 아름다운 목소리로 전화를 받습니다. 어디 그뿐인가요? 함께 학습했던 내용을 고객에게 하나라도 더 알려주기 위해 어찌나 애를 쓰던지…."

초기 멤버들의 일에 대한 열정은 또 다른 에피소드도 만들어냈다. 당시 안철수연구소가 세 들어 있던 한판빌딩은 밤 9시만 되면 어김없이 건물의 셔터를 내려버렸다. 이로 인해 출퇴근 시간 따로 없이 자율적으로 근무시간만 지키던 안철수연구소 직원들은 날마다 전쟁을 치러야 했다. 입주자의 입장을 고려하지 않는 건물주의 일방적인 건물 관리 방식에 맞춰 투철한 근무 태도를 보인 두 명의 경비원과 숨바꼭질을 하느라 애를 먹었던 것이다.

특히 저녁 무렵까지 외근을 하고 늦은 시각에 사무실에 들어와야 하거나 아예 밤늦게까지 일해야 할 경우에는 여간 곤혹스러운 게 아니었다. 휴대전화가 없던 시절이라 정문 셔터가 내려지면 사무실

안에 있는 사람에게 연락을 취할 수 있는 방법은 공중전화를 이용하는 것뿐이었다. 하지만 '개똥도 약에 쓰려면 없다'는 말처럼 그놈의 공중전화는 하필 그곳에서 한참을 걸어가야 하는 서초역에 있었다.

궁하면 통한다고 했던가? 점점 꾀가 생긴 직원들은 돌멩이를 집어 들었다. 유리창에 돌멩이를 던져 사무실 안의 직원을 불러냈던 것이다. 첨단 컴퓨터 바이러스를 연구하는 회사의 연락 방법이 문명의 손길을 거부한 차마고도에서나 있을 법한 돌멩이 투척이라니? 돌멩이를 던지는 직원이나 그 돌멩이를 신호로 셔터 문을 열어주는 직원 모두 아이러니한 현실에 배꼽을 잡고 웃기는 매한가지였다. 그나마 그것도 사무실이 2층이라 가능했던 일이다.

문제는 가끔 외부에서 거나하게 한 잔 걸치고 돌아와 투척을 할 때였다. 일에 대한 열정에 알코올의 기운까지 빌렸으니 힘을 조절하는 것이 어디 쉽겠는가. 혈기가 너무 세서 와장창 하는 효과음이 공기를 가르면 눈에 쌍심지를 켠 경비원이 총알같이 나타났다. 그때마다 '사무실 빼!'라는 말을 목구멍에 매달아 놓고 돌을 던진 직원을 혼쭐내는 경비원의 표정은 흡사 저승사자 같았다.

경비원과의 숨바꼭질이 여기서 끝났던 것은 아니다. 저녁 7시가 되면 순찰을 돌던 경비원이 건물의 불을 모두 꺼버렸다. 사람이 없는 사무실이나 복도쯤이야 그러려니 해도 화장실까지 '거기 누구 없소?'라고 물을 것도 없이 냅다 스위치부터 내려버리니 환장할 노릇이었다. 더러 볼일을 보던 직원이 경비원의 느닷없는 습격에 놀라 벌떡 일어나는 경우도 있었다. 그래도 별 수 없었다. 상대를 보기 좋게 메다꽂고 싶은 마음 굴뚝같지만 성질 헤프게 써서 남을 게 뭐가 있겠는가. 바람 빠진 풍선 꾹 누르듯 마음을 누르고 경비원의 순찰이 끝날 때까지 기다리는 수밖에….

경비원과의 전쟁은 그 후로도 2년이나 지속되었다.

하늘은 일어서려는 자에게만 지팡이를 던져준다

안철수연구소를 설립하면서 가장 우려했던 것은 백신 시장이 형성되어 있지 않다는 것이었다. 그때까지만 해도 무료로 이용할 수 있는 소프트웨어라는 개념이 컸기 때문에 무엇보다 유료 시장을 형성하는 일이 시급했다. 그러한 상황에서 외국의 백신 업체들은 앞으로 시장이 형성될 것이라는 가능성을 보고 속속 국내 시장에 진입하고 있었다.

결국 한국 마이크로소프트사가 윈도95를 출시하던 시점에 외국 백신 업체와 안철수연구소의 정면대결이 불가피해졌다. 이때 김현숙은 한글과컴퓨터사의 이찬진 사장을 만나 머리 떼고 꼬리 떼고 알맹이를 들이대며 설득에 들어갔다. 한글과컴퓨터사와 첨예하게 대립하고 있던 마이크로소프트사의 신제품 윈도95에 백신 프로그램을 번들(하드웨어나 소프트웨어를 판매할 때 무료로 제공하는 소프트웨어)로 제공하는 것이 최선이라 판단했기 때문이다.

"윈도95… 공식 백신 번들 계약을 맺으세요. 얼마나 팔릴지 모르지만 그래야만 V3 상용화가 가능해집니다."

안철수연구소가 그해 7월에 승부수를 던진 것은 이미 개발을 완료한 도스용 백신 프로그램 V3+였다. V3+는 당시 사용자들에게 큰 피해를 입혔던 나타스, 다이하드 등의 외국산 바이러스는 물론 월드컵, 방랑자Ⅱ 시리즈 등의 국산 바이러스를 포함해 380가지의 바이러스를 진단하고 치료하는 기능을 갖추고 있었다.

비록 윈도용 프로그램에 도스용 백신으로 도전하는 어처구니없는 모험이었지만 이들은 필사적으로 매달렸다. 윈도95에 V3+를 번들로 제공할 수 있느냐 없느냐에 따라 이제 막 닻을 올린 회사의 운명이 갈릴 수 있는 상황이었기 때문이다. 어떻게 해서든 V3+의 독점 판매권을 쥐고 있는 한글과컴퓨터사를 설득해야만 했다.

당시 워드 프로그램은 한글이 독보적이었고, 위축되어 있던 마이크로소프트사는 한글과컴퓨터사와 라이벌 구도를 형성하고 있었다. 그 와중에 T사가 한글 윈도95에 공식 번들로 선정된다는 소문까지 퍼지고 있었다.

안철수연구소도 심각한 상황이었지만, 자칫 잘못하면 외국산 프로그램이 국내 백신 시장을 순식간에 점령할지도 모르는 순간이었다.

다행히 모든 것을 팽개치고 설득에 들어간 김현숙은 천신만고 끝에 이찬진 사장의 동의를 구하는 데 성공했다.

그뿐 아니라 직접 영업 전선에 뛰어들어 입에서 단내가 나도록 설명하고 또 설명했다. 그녀는 도스 버전이긴 해도 윈도95에서 안정적으로 작동한다는 것을 이해시켰고, 윈도용 V3 개발이 막바지 단계에 있으며 계약을 맺으면 신제품이 출시되는 즉시 제품을 교체

해주겠다고 약속했다.

하늘은 일어서려고 하는 사람에게만 지팡이를 던져주는 법이다. 결국 한국 마이크로소프트사는 국내 PC 사용자의 절대적인 신뢰를 받고 있던 안철수연구소의 V3를 선택했다. 만약 한글 윈도95에 T사의 백신이 탑재됐다면 과연 국내 백신 시장의 판도는 어떻게 되었을까? 생각만으로도 아찔하다.

윈도95에 V3+를 공급하는 것은 외국 업체에 맞서 국내 시장을 지켜낸다는 것 외에도 또 다른 중요한 의미가 있었다. 그것은 무료 백신이던 V3를 상용화할 수 있는 길을 열었다는 점이다. 그런데 V3가 셰어웨어(프로그램 제조사가 정품 구매를 확대하기 위해 공급하는 일종의 샘플로, 일정 기간 사용한 뒤에는 대금을 지불하고 정식 사용자로 등록하는 것)로 바뀌자 사람들의 비난이 봇물 터지듯 밀려들었다.

"안철수가 제대로 돈독이 올랐어!"

"공짜로 쓰던 걸 왜 이제 와서 돈을 내라고 하는 거야!"

오해와 원성이 줄을 이었다. 심지어 해골 그림을 그려 우편으로 보내는 사람도 있었다. 영업 담당으로 한글과컴퓨터사에서 파견을 나와 있던 전준우는 이런 반응에 번번이 곤욕을 치러야 했다.

물론 7년 넘게 공짜로 쓰던 소프트웨어를 어느 날 갑자기 돈을 내고 사용하라니 사용자 입장에서는 당연히 황당했을 것이다. 그러나 V3를 기업에 팔거나 수출하려면 셰어웨어라는 명분이 필요했다. 또한 미국처럼 셰어웨어가 발전해야 소프트웨어 산업도 성장할 수 있다는 것이 안철수연구소의 판단이었다. 셰어웨어가 되었어도 일반 사용자 입장에서는 크게 달라질 것이 없었다. 무료 보급판에 기본적인 기능 이외에 부가적인 기능을 추가해놓았기 때문이다. 그럼에도 시장의 반응은 싸늘하다 못해 꽁꽁 얼어붙었다.

천만다행으로 한글 윈도95에 V3가 탑재되면서 안철수연구소는 큰 힘을 얻게 되었다. 무엇보다 당시 꽤 거금에 속하던 9,500만 원의 계약금을 손에 쥘 수 있다는 희망이 보였고 직원들은 모두 크게 고무되었다. 사실 출범 무렵에 믿고 있던 한글과컴퓨터사의 지원에 차질이 빚어지면서 조만간 자금 문제가 불거질지도 모른다는 불안감이 직원들의 마음을 덮고 있었다. 한글과컴퓨터사가 보장했던 매출 대금 지급이 무한정 늦춰지고 있었던 것이다.

그러던 차에 한글 윈도95에 V3+ 탑재가 결정되면서 거금이 들어오게 생겼으니 직원들로선 한껏 고무되는 게 당연했다. 그러나 아직 시험대에서 내려오는 것이 허락되지 않았던 것일까? 직원들 입에서 동시에 터졌던 탄성이 채 가시기도 전에 그들의 미간에는 잔뜩 주름이 잡혔고, 그것은 오랫동안 펴지지 않았다.

오직 생존을 위해 달려라

1995년 9월, 안철수는 회사 설립으로 미뤄왔던 미국 유학길에 올랐다. 물론 그 전에 자신의 공백을 메울 우수한 개발자를 확보하는 데 주력했다. 이미 유명 기업이던 한글과컴퓨터사에는 프로그래머가 많았지만, 컴퓨터 보안 분야는 아직 낯설었기 때문인지 비전을 품은 개발자를 찾기가 쉽지 않았다.

어떤 경로를 통해 적합한 사람을 찾아야 할까?

여러 가지 방법을 논의한 끝에 PC통신망에서 재야의 고수 프로그래머를 섭외하거나 컴퓨터 업계의 마당발에 속하는 기자를 통해 소개받기로 했다. 당연히 컴퓨터에 미쳐 밥 먹는 것보다 이 일을 더 좋아하는 사람, 혹은 안철수에게 관심이 있는 사람이 모여들었다.

그 대표적인 인물이 1995년 4월, 연구개발 부문에 입사한 황규범이다. 그는 하이텔 게시판에서 바이러스 분석가 모집광고를 보고 지원을 했다.

"생뚱맞다고 해야 할까요? 분야가 생소했습니다. 컴퓨터 학원에서 브레인 바이러스를 치료해본 경험이 호기심을 자극했죠. 미켈란젤로 바이러스를 분석하는 시험을 두 시간 정도 치른 후 입사했습니다. 우리가 인간관계를 맺는 것처럼 악성코드 간에도 서로 관계가 있어요. 그러한 관계를 제대로 정리한다면 새로운 형태의 진단법이 나오지 않겠습니까? 그 결과를 분석이나 대응에도 활용할 수 있을 것으로 믿고 연구에 매진하고 있습니다."

훗날 V3 성공신화의 숨은 공신이 되는 조시행은 1995년 6월 안철수연구소와 인연을 맺었다. 그는 한글과컴퓨터사 직원으로 3개월간 안철수연구소에 파견되어 있다가 복귀했는데, 이후 안철수로부터 함께 일하자는 프러포즈를 받았다.

"함께 일하지 않겠느냐는 말을 듣는 순간, 이상하게도 함께 일하는 것이 당연하다는 생각이 들었어요. 전혀 거리낌이 없었죠. 이건 내가 할 수밖에 없는 일이라는 생각이 들었거든요. IT 개발 업무를 10년째 해오고 있었는데, 그동안 해온 일은 제가 원했다기보다 어쩌다 보니 하게 된 일이라고 할 수 있었죠. 그런데 바이러스란 놈을 보는 순간, 과거에 제가 해온 일은 이 일을 하기 위한 준비가 아니었을까 하는 생각이 드는 겁니다. 바이러스 앞에서 운명적 느낌을 받았던 거죠. 바이러스란 놈… 그거 하나 보고 뒤도 돌아보지 않고 합류했습니다."

그 후 조시행은 안철수연구소의 개발 업무를 진두지휘했다. 특히 공개 소프트웨어적 성격이 강한 V3를 엔진과 제품 차원으로 분리해 고객에게 돈을 받고 서비스하는 수익 모델로 꼴을 갖추는 데 중추적 역할을 했다. 또한 그는 인력 양성의 필요성을 깨닫고 교육 프로그램을 만들어 시행하기도 했다.

"제품만 놓고 보면 외국 백신 업체에 절대 뒤지지 않지만, 기술 인력은 그렇지 않습니다. 외국 백신 업체는 인력이 많을 뿐더러 대응 방안 능력도 뛰어납니다. 훈련이 잘 돼 있는 거죠. 이를 따라잡기 위해서는 교육이 필요했습니다."

이현성 역시 하이텔과 나우누리를 통해 제품 개발을 하다가 안철수연구소로부터 프러포즈를 받았다.

"지금 다니고 있는 직장이 있으신가요?"

안철수의 질문에 이현성은 거침없이 한마디 던졌다.

"백숩니다!"

덜하지도 보태지도 않는 이현성의 솔직함은 안철수의 마음을 사로잡았고, 이현성은 또 다른 관점에서 안철수의 프러포즈를 받아들였다.

"사람이 좋잖아요. 개발도 잘하고. 학연이나 지연에 좌우되지 않는, 사심이 없는 사람이죠. 그저 컴퓨터가 좋아 그거에 미쳐 있던 저와 왠지 모르게 통할 것 같은 예감이 들었거든요."

그래서일까? 1996년에 입사해 7년 넘게 V3 개발을 해온 그는 현재 신입사원이 주로 맡는 제품 설치 업무를 담당하고 있다.

“제가 좋아서 옮겼습니다. 입사 때부터 하고 싶던 개발 일을 원 없이 해봤어요. 아쉽지 않을 만큼 했거든요. 변화가 필요했고 처음처럼 미쳐서 덤벼들 업무를 원했습니다. 제가 옮긴 부서는 그리 중요하지 않다고 여기는 의견도 없지 않았죠. 하지만 그건 신념에 관한 문제입니다. 저는 제품 설치 업무를 상당히 중요하게 생각합니다. 핵심 가치와 관련해서는 더더욱 그렇죠. 원하는 일을 선택하는 데 크게 고민할 필요가 있나요? 무엇보다 저는 여전히 회사와 통하고 있습니다.”

착각을 불러일으킬 만큼 안철수와 비슷한 외모를 지닌 그의 말은 딱 그만큼의 분량을 자로 재 꿰맞춘 것처럼 거기서 끝났다.

칼바람이 불어도 지킬 건 지켜라

인재를 발굴하고 기업의 규모를 갖춰가는 과정에서 가장 큰 걸림돌이 되었던 것은 돈줄이던 한글과컴퓨터사였다. 제품 개발과 연구 부문에서는 어느 정도 성과가 있었던 반면, 영업을 담당했던 한글과컴퓨터사의 영업 실적은 별로 없었기 때문이다.

한글 윈도95에 V3가 번들로 공급될 수 있었던 것도 안철수연구소의 독자적인 노력에 의한 일이었다. 심지어 한글과컴퓨터사는 한국 마이크로소프트사로부터 받게 될 계약금도 안철수연구소가 받을 수 없도록 발목을 잡고 말았다.

회사를 설립할 당시 한글과컴퓨터사는 안철수연구소로부터 백신에 대한 독점 판매권을 가져갔다. 하지만 워드프로세서를 개발 판매하던 한글과컴퓨터사는 1년이면 수십 회 이상 업데이트가 필요한 백신 프로그램을 갖고 있지 않았다. 마이크로소프트사에서 백신 소프트웨어 사업을 하지 않은 것도 같은 이유에서였다.

사정이 이렇다 보니 안철수연구소 직원들 사이에 독자적인 백신 영업만이 회사가 살길이라는 의견이 모락모락 피어오르기 시작했다. 여기에 성냥을 그어댄 것은 한글 윈도95에 V3가 탑재되는 조건으로 받게 되는 9,500만 원의 로열티였다. 한글과컴퓨터사는 그 돈을 자신들이 받아야 한다고 통보했던 것이다. 판권 소유자가 한글과컴퓨터사였기 때문이다. 난감해진 김현숙은 미국 유학 중이던 안철수에게 자문을 구했고, 안철수는 망설임 없이 대답했다.

"룰은 지켜야죠."

자금 사정이 여의치 않았던 한글과컴퓨터사는 로열티 대금 기준으로 정산해 4,500만 원을 지급해줄 것을 약속했다. 하지만 대금 지불은 무한정 미뤄지고 있었다. 억장이 무너진 김현숙은 더 이상 참을 수가 없었다. 어떻게 해서든 돈 가뭄을 해갈할 만한 묘수를 찾지 않으면 생존마저 위태로운 지경이었다. 몇 달씩 밀린 직원들 월급도 심각했지만 그것으로 인해 직원들이 꿈을 잃을지도 모르는 상황이었다.

김현숙은 칼바람을 가르고 서초동 비탈길을 내려갔다. 빛줄기 하나 보이지 않고 잔뜩 찌푸린 하늘을 노려보던 그녀는 메마른 낙엽 같은 표정으로 걸음을 재촉했다. 마음속에서는 오만 가지 언어가

뒤엉키고 솟구쳤다 가라앉기를 반복했다. 그렇게 내면을 휘젓다 목젖을 출렁이며 쏟아낸 한마디는 이것이었다.

"길은 하나밖에 없어. 살아남는 거!"

어떻게 해서든 살아남아야 했다.

상대를 설득하는 건 세 치 혀가 내뱉는 말이 아니다. 김현숙은 누구보다 그 사실을 잘 알고 있었다. 그녀는 한글과컴퓨터사에 발을 들여 놓는 순간부터 스스로에게 수없이 주문을 걸었다.

"절대 몽니를 부리지 말자!"

용기를 내 찾아왔건만 돈줄을 틀어쥔 재무이사를 만나는 것부터가 난관이었다. 올빼미형이란다. 그를 만나려면 밤 12시 넘어서 오라는 것이 아닌가. 당장이라도 '이 무슨 말도 안 되는 소리냐?'고 따지고 싶었지만 목구멍까지 차오른 그 말을 차마 소리로 만들어내지 못했다. 아니, 하지 않았다. 오기가 생겼던 것이다. 못할 것도 없었지만 그녀는 애써 감정을 추스르고, 침착하기 이를 데 없는 표정을 지으며 "그러마"고 인사까지 하며 돌아섰다.

순간, 마음을 휘감은 감정이 왈칵 쏟아질 듯했다. 감정에 충실하고 싶은 마음도 있었다. 하지만 여기서 일을 그르칠 수는 없었다. 그녀는 어떻게 해서든 용기를 발휘해 감정이 제멋대로 움직이지 않도록 단단히 붙들어 매야 했다.

그날 밤 12시, 그녀는 달랑 불 하나만 켜진 한글과컴퓨터사 사옥 앞을 지키고 있었다. 어둠이 쏟아내는 공포와 살갗을 도려내는 듯한 겨울바람을 밀어내면서 말이다. 그러나 밤 1시가 지나고 2시가

지나도 재무이사는 모습을 드러내지 않았다. 돌아갈까 망설이는데 저만치서 어둠을 등지고 나타나는 사람이 있었다. 재무이사였다.

순간, 안도의 숨을 내쉬는 김현숙의 눈빛과 저승사자를 만난 듯 깜짝 놀란 재무이사의 눈빛이 어둠 속에서 파다닥 스파크를 일으켰다. 재무이사는 할 말을 잊은 듯했다. 미간이 좁혀들며 눈에 잔뜩 힘이 모아져 있었다. 이윽고 재무이사는 어이없다는 표정을 감추지 못한 채 그녀에게 다가섰다.

"늦었습니다. 돌아가시면 아침에… 처리해드리도록 하죠."

마지못해 하는 말이라는 것이 훤히 느껴졌지만 김현숙은 단호하게 한마디 던졌다.

"고맙습니다, 이사님!"

그녀가 집으로 돌아온 시간은 새벽 4시가 넘어서였다. 머릿속이 복잡했다. 재무이사의 말을 액면 그대로 받아들이기엔 이미 많은 신뢰가 무너지지 않았던가? 토막잠으로 잠의 허기를 면한 그녀는 또 다시 한글과컴퓨터사를 방문했다.

그녀가 사무실 안으로 들어서자 직원들이 '이번엔 또 뭐지?' 하는 뜨악한 표정으로 한꺼번에 눈길을 쏟았다. 예상치 못한 부적응증에 걸린 듯했다. 하지만 낭떠러지 앞에서 배수진을 치고 있는 상대를 그들이 이겨낼 수는 없었다. 그녀는 자신에게 눈길조차 주지 않고 딴청만 피우는 재무이사와 길고 지루한 실랑이에 들어갔다.

오전 11시, 마침내 연구소 통장으로 4,500만 원이 입금되었다. 그녀는 그 사실을 확인하는 동시에 한글과컴퓨터사 사무실을 박차고 나왔다. 뒤통수에 꽂히는 날 선 눈길을 느끼며 서둘러 발길을 재촉했다. 유학 중에 원격 경영을 하고 있는 안철수의 걱정을 덜어내고, 자신을 믿고 있는 직원들이 끼니 걱정에서 벗어날 수 있으니 무엇을 더 바라겠는가! 김현숙은 열심히 노력한 끝에 보상을 받고 기뻐하는 직원들의 밝은 표정을 볼 수 있었던 것이 무엇보다 좋았다.

"제일 먼저 직원들의 밀린 월급을 지급했어요. 그 다음에 빚도 갚고… 그래도 통장에 200만 원이나 남았는걸요."

우여곡절 끝에 한숨을 돌린 안철수연구소는 해를 넘긴 1996년 1월이 되어서야 비로소 실질적인 첫 상용 제품 'V3Pro 95'를 선보였다. 하지만 유료화에 따른 거부감의 벽이 여전히 높아 매출은 그리 크게 늘어나지 않았다. 연구소의 독자적인 백신 영업망이 절실해질 수밖에 없었다. 설상가상으로 자금 압박에서 벗어나지 못하고 있던 한글과컴퓨터사가 제때에 돈을 주지 않아 회사는 더더욱 생존을 위한 돌파구를 마련하지 않으면 안 되었다.

평범하다면 남보다 두세 배 더 노력하라

바짝바짝 말라가는 돈줄에 속이 탄 안철수연구소는 결국 투자 유치 쪽으로 선회해 약간의 정보화 촉진 기금을 지원받았다. 아울러 고객지원 업무를 보강하여 소프트웨어 무료 보급과 불법 복제를 당연하게 생각하던 고객의 인식을 바꾸는 한편, 지속적으로 정품 사용에 대한 홍보 활동을 해나갔다.

그때 채용된 홍보 담당 직원 황미경은 팀장인 최현주와 함께 격월간으로 만드는 소식지와 바이러스 캘린더 보급 등을 통해 대국민 계도 활동을 펼쳐나갔다.

"IT가 뭔지도 모른 채 입사했어요. '평범한 내가 남들보다 두세 배 노력해야 남다른 결과를 낼 수 있다'는 안 사장님의 말마따나 소식지를 통한 정보 공유와 계도를 위해 정말 열심히 일했어요. 비록 힘들긴 했지만 공익 차원에서 무언가를 한다는 게 무척 보람 있었습니다."

늘 시간에 쫓겨 원고를 마감하고 10킬로그램이 넘는 소식지와 캘린더를 발송하기 위해 우체국으로 달려가는 일이 반복되었다. 그래도 사람들의 인식이 서서히 변해가면서 그녀의 어깨를 짓누르던 일의 무게는 점점 가벼워졌다.

그즈음 안철수연구소는 남부터미널 근처의 한 골목에 새 사무실을 얻어 이사를 했다. 직원이 늘어나 사무실이 비좁았던 것이다. 새 사무실은 베드촌이라 불릴 만큼 창문을 열면 사방팔방 온천 마크(모텔) 간판만 보이는 곳에 위치했다. 그런 입지적 조건을 따질 겨를도 없이 사무실 내부에서는 가내 수공업 공장을 방불케 하는 번잡하고 다양한 일거리가 바쁜 손길에 이리저리 휘둘리고 있었다. 이사를 하긴 했어도 빠듯한 자금 사정으로 사무 공간이 그리 넉넉하지 못했기 때문이다.

지식 노동이 이루어지는 공간에서 펼쳐지는 그런 풍경은 그곳을 드나들던 기자들에게 가십의 대상이 되었다. 그러나 당시 안철수연구소가 가진 자금으로는 더 좋은 사무실, 시쳇말로 폼 나는 사무실을 얻을 수가 없었다. 독자적인 백신 영업 성과로 매출이 발생하기 전까지는 절약과 부단한 개발만이 살길이었다.

내부 방침은 독자적인 마케팅과 영업으로 확고히 정해졌지만, 상황이 따라 줄지는 미지수였다. 그 무렵 한글과컴퓨터사가 내부 사정으로 안철수연구소의 지분을 주위에 매각하려 하고 있었다. 물론 안철수연구소의 입장에서도 지속적인 개발에 자금을 출자하고 영업을 도와줄 새로운 파트너가 필요했다. 특히 당장의 생존보다 장기적인 발전을 염두에 두고 최적의 투자자를 찾는 일이 중요했다.

"우리가 하는 일은 정말 보람도 있고 국가적으로도 꼭 필요한 일인데… 과연 이 일을… 계속할 수 있을까?"

개발자를 비롯한 직원들의 입에서는 거의 비명에 가까운 한탄이 흘러나왔다. 그렇게 안철수연구소는 바짝 타들어간 돈줄에 물꼬를 터줄 기회를 기다리며 길고도 지루한 1년을 견뎌내야 했다. 그 시간이 안철수연구소 직원들에게는 10년보다 길게 느껴졌다.

세 상 에 서   가 장   안 전 한   이 름   안 철 수 연 구 소

THE SAFEST NAME IN THE WORLD

02

사람이 있는 기업, 날갯짓을 하다

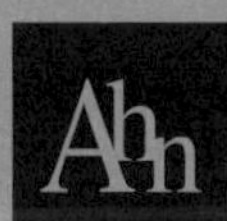

진정성과 열정의
화학작용

사 람 을 움 직 이 는 진 실 의 힘

모든 준비를 끝내고 단 한 가지만 해결되면 되는데 그것이 여의치 않을 경우, 갈망은 한없이 깊어진다. 일어설 준비를 끝냈다. 단지 누군가가 지팡이 하나만 던져주면 벌떡 일어설 수 있을 것 같았다. 그런데 그것을 던져줄 파트너를 구하는 일이 순조롭지 않았다.

한곳을 바라보고 함께 걸어갈 파트너를 찾기 위해 머릿속 구석구석까지 휘휘 저어보았다. 다 차려놓은 밥상에 숟가락을 얹기만 하면 되는데 왜 그리 파트너를 찾는 게 어려운지…. 시간이 더디게 흘러갔다. 그러다가 마침내 안철수연구소가 찾아낸 파트너가 삼성SDS였다. 적합한 파트너를 찾긴 했지만 삼성SDS 역시 다른 기업과 마찬가지로 사업제안서를 받고 나서 6개월이 넘도록 적극적인 진행에 나서지 않았다.

더는 지체할 수 없었다. 모든 것이 광속으로 흘러가는 시대에 이미 너무 많은 시간을 소모한 상태였다. 결단을 내린 안철수는 객관적인 현실을 담은 장문의 글을 썼다. 그리고 그것을 삼성SDS의 남궁석 사장에게 팩스로 보냈다. 그 무엇도 장담할 수 없었지만 주변 상황이 마냥 손놓고 기다릴 수 없을 만큼 정신없이 돌아가고 있었다.

다행히 그의 진심이 통했다. 그가 보낸 글은 마법을 부렸고 안철수연구소는 삼성SDS로부터 투자를 이끌어낸 첫 번째 벤처기업이 되었다. 이러한 전략적 제휴는 안철수연구소에 커다란 의미가 있었다. 당시 삼성그룹이 보유한 시장은 어마어마했다. 외국 경쟁사가 군침을 흘리며 그 큰 시장을 넘겨다보는 것은 당연했다. 그런 상황에서 안철수연구소가 삼성SDS의 투자를 유치했다는 것은 백신 제품을 공급할 수 있는 통로까지 확보하게 되었다는 것을 뜻했다. 삼성SDS가 삼성그룹 전체의 IT 시스템 통합SI을 주관하고 있었기 때문이다.

그때 대한민국 대표 기업이 보유한 시장을 외국 경쟁사에 빼앗겼다면 과연 어땠을까? 지금 생각해도 모골이 송연해질 일이다. 어쨌든 안철수연구소는 이를 계기로 성장의 발판을 마련했고, 나아가 삼성 쪽을 담당할 영업 인력을 다른 곳에 투입할 수 있다는 이점까지 챙길 수 있었다.

1997년 3월 27일, 드디어 삼성SDS와의 제휴식이 있었다. 그때까지 안철수와 한글과컴퓨터사가 51대 49로 나눠 소유하고 있던 안철수연구소의 지분은 이날을 기점으로 안철수 51퍼센트, 삼성

SDS 25퍼센트, 한글과컴퓨터사 24퍼센트의 비율로 조정되었다.

당시의 전략적 제휴에 대해 안철수는 다음과 같이 회상했다.

"국가나 단체의 지원을 거의 받지 못한 채 순수 민간 차원에서 연구소를 운영하면서 자금력의 한계를 뼈저리게 느껴왔습니다. 회사의 창립 목적인 공익 차원의 연구를 더욱 굳건히 하기 위해서라도 자금력 있는 제3자와의 협력은 불가피한 일이었습니다."

또한 이날은 안철수연구소가 공익 단체라는 이미지를 벗고 적극적인 영업 활동으로 이익을 창출하겠다는 계획을 공표한 의미 있는 날이기도 했다. 한글과컴퓨터사가 소유했던 전 제품 독점 판매권을 회수해 안철수연구소가 직접 관리하게 된 것이다. 한글과컴퓨터사는 총판으로 전환되었다.

비전을 스스로 창조하라

1997년 초, 최고의 직장이라 여기고 안철수연구소 영업 부서에 입사한 권영찬은 처음부터 생각지도 못했던 임무를 부여받았다. 그보다 몇 달 앞서 영업 조직에 합류한 조광현으로부터 처리해야 할 일을 전해 듣는 순간, 기가 막혀 입이 저절로 벌어질 지경이었다.

"눈앞이 깜깜했습니다. 입사해서 제일 먼저 한 일이 한글과컴퓨터사 창고에 산더미처럼 쌓여 있던 V3 제품을 폐기처분하는 일이었으니까요."

처음에는 안철수연구소의 영업을 담당했던 한글과컴퓨터사의 영업맨을 원망했다. 그들이 적극적인 영업을 하지 않아 초래한 결과라고 생각했기 때문이다. 그러나 직접 영업을 하면서 느낀 상대적 박탈감은 상상을 초월했다. 어딜 가든 제품을 구매하겠다는 반응보다 '그런 제품도 있었나?' 하는 정도의 시큰둥한 반응을 접했던 것이다. 그렇다고 그가 팔리지 않는 제품을 만들어내는 회사를 계속해서 다녀야 하는가를 고민했던 것은 아니다. 그의 고민은 다른 곳에 있었다.

'내가 다니는 회사가 정말로 비전이 있는가?'

그가 현장에서 느끼는 위기감은 개발자들이 느끼는 위기감보다 무게가 훨씬 더했다. 물건을 팔기 위해 많은 사람을 만나긴 했지만, 그 물건을 구매하려는 사람은 없었다. 심지어 제품을 필요로 할 것이라고 생각했던 고객이 아예 만나는 것조차 꺼려하는 경우도 있었다. 설상가상으로 당시 백신 사업을 하고 있던 외국 보안 회사 M사와 T사와의 가격 경쟁도 불가피했다. 채널 형태로 들어와 있던 M사는 철수했다가 V3가 수익 모델을 만들어내자 다시 국내에 지사를 설립했다.

구매하는 고객이 많지 않은 상황에서 가격 경쟁력까지 갖춰야 했던 권영찬의 고민은 갈수록 깊어만 갔다. 그렇다고 주저앉을 수는 없는 노릇이었다.

당시 권영찬은 가장 큰 고객인 은행권을 자주 찾아갔다. 그러나 백신에 대한 개념이 별로 없던 은행 담당자는 만남 그 자체를 거부하는 경우가 많았다. 어렵사리 약속을 해도 정작 찾아가면 약속을 잊었다거나 왜 왔느냐는 식의 시큰둥한 반응으로 권영찬의 마음에 생채기를 냈다. 만약 백신이 그들에게 꼭 필요한 제품이라는 사실을 인식했다면 약속을 잊는 일은 없었을 것이다.

'이만한 일로 세상이 무너지지는 않아. 이쯤이야 언제 어느 때든 일어날 수 있는 일이지. 어제의 약속을 기억하지 못했다면 오늘의 약속을 기억하게 해주면 되잖아.'

오기가 생겼다. 세상이 아무리 무너뜨리려 애써도 권영찬은 직판영업을 위한 발품을 멈추지 않았다. 뭐랄까, '이것이 세상살이구나' 하는 현실의 패러독스 같은 정서를 깨닫고 오히려 잠재고객 목록을 더욱 굳세게 작성해나갔다. 나아가 판매에 필요한 채널을 만들기 위해 분주히 뛰어다녔다. 특히 당시 큰 판매 채널이던 소프트뱅크나 인성정보와의 제휴를 위한 노력을 멈추지 않았다.

"그런다고 사지 않을 사람이 사겠어?"

열심히 발품을 팔던 그에게 사람들이 농담 반, 진담 반으로 툭 내뱉던 말이다. 그래, 프로는 남극에 사는 사람에게 냉장고를 팔고 아프리카 사람에게 털옷을 판다. 스스로의 의지를 다지며 권영찬은 그날을 기다렸다.

아무리 어려운 일에도 반드시 끝은 있는 법이다.

마침내 그날이 왔다. 절대 백신을 사지 않을 것 같던 사람들이 백신을 구입하겠다고 나섰던 것이다. 아무도 예상하지 못한 일이었다. 아이러니한 것은 몇 번을 찾아가도 만나주지 않던 사람들이 약속이라도 한 듯 하루아침에 돌변했다는 점이다.

"곧 예산을 마련할 테니 제품 먼저 갖고 들어오십시오!"

어라? 먼저 나서서 약속까지? 권영찬은 전화를 받고도 자기 귀를 의심했다. 하지만 당시에는 알지 못했다. 하루에 하루를 보태 발품을 팔고 다닌 것이 가까운 미래에 쓸 도깨비 방망이였다는 것을 말이다.

내게 영혼을
파십시오

1000만 달러와도 바꿀 수 없는 꿈

1997년 6월, 박준식은 미국 유학 중이던 안철수로부터 뜻밖의 연락을 받았다. M사 본사로부터 초청을 받았으니 회사 제품을 소개할 프레젠테이션 자료를 준비해 급히 미국으로 오라는 것이었다. 그는 자료를 준비하는 내내 머릿속의 혼란스러움을 떨쳐내지 못했다.

"꿍꿍이가 뭐지?"

M사의 초청 목적이 명확하지 않았던 것이다. 얼토당토않은 의혹이 솟구치는 건 당연했다. 그러면서도 '혹시 제품을 팔 수 있지 않을까?' 하는 막연한 기대감도 안고 있었다. 글로벌 백신 업체인 M사와 손잡고 새로운 판로를 개척할 수도 있겠다는 생각에서였다.

물론 미국에 있는 안철수도 비슷한 생각을 하고 있었다. 그렇다고 결코 경계심을 늦출 상황은 아니었다. 미국의 경우 1990년대 초부터 커진 백신 시장이 1997년을 정점으로 성장세가 주춤거리고 있었다. 그러자 M사를 비롯한 여러 글로벌 백신 업체가 아시아 시장, 특히 일본으로 눈을 돌렸다. 그들은 일본의 토종 업체를 인수해 경쟁자를 없애거나 일본 시장을 선점하기 위한 영업 채널로 활용했다. M사 역시 이미 일본의 유일한 백신 소프트웨어 회사였던 J사를 인수한 상태였다. 지분을 넘긴 J사 사장은 글로벌 기업 M사가 일본 관공서 등에 판매할 수 있도록 도움을 주는 역할을 하고 있었다.

이 사례를 익히 알고 있던 안철수연구소는 혹시 모를 노림수를 배제하지 않았다. 한국은 일본에 이어 아시아 제2의 백신 시장이었기 때문이다.

드디어 프레젠테이션을 하는 날, 박준식은 안철수연구소 사람들을 반갑게 맞이하는 M사 회장을 보는 순간 무슨 꿍꿍이가 있음을 직감했다. 말초혈관까지 팽팽하게 부풀어 오르는 것을 느끼며 박준식은 푸른색 셔츠를 입은 M사 회장의 행동 하나하나에 주목했다.

먼저 안철수연구소의 주주사인 삼성SDS 측에서 동행한 교포 출신 직원이 프레젠테이션에 나섰다. 다음으로 M사 측에서 사업 분야의 제품 등에 대한 프레젠테이션에 들어갔다. 하지만 의도가 명확하지 않은 상태에서 회의가 길게 이어지자 안철수연구소 사람들은 슬슬 지루해지기 시작했다.

그때였다. M사 회장이 먼 곳에 던졌던 시선을 잡아끌어 안철수에게로 고정시키며 천천히 말문을 열기 시작했다.

"동양에서도 요트는 부를 상징한다죠? 맞습니까?"

뜬금없는 질문에 안철수연구소 사람들은 '그래서?' 하는 듯한 날선 표정으로 M사 회장에게 눈과 귀를 집중했다.

"J사 아시죠? 왜 있잖습니까, 우리에게 지분을 판… 그 사장을 요즘도 가끔 만나는데 아주 잘 지내고 있습디다. 요트를 타는 재미에 푹 빠져 있더군요."

그 말이 떨어지기가 무섭게 안철수연구소 사람들은 약속이라도 한 듯 '그러면 그렇지' 하는 표정이 역력했다. 그는 끈끈하고 욕망이 가득한 눈길로 하나하나의 표정을 쭉 훑어갔고, 드디어 안철수에 이르러 멈칫했다. 그러더니 튕기듯 자리에서 벌떡 일어나 성큼성큼 안철수 앞으로 다가섰다.

"서버용 백신 만드는 게 어디 쉬운 일이라야 말이죠. 그렇지 않습니까? 그래서야 어느 세월에… 요트 한 번 제대로 타보겠느냐고요. V3… 파시죠! 인수하는 조건으로 1,000만 달러를 지불하겠습니다."

처음에 박준식은 그 말이 긴가민가했다. 갑자기 누군가로부터 뒤통수를 얻어맞은 것처럼 멍해졌다. 하지만 동행한 삼성SDS 사람들의 표정을 보고 자신이 들은 얘기가 사실이라는 걸 깨달았다.

머릿속이 복잡했다. 그러면서도 무릎 위에 올려졌던 자신의 두 손이 재빠르게 셈을 하고 있음에 흠칫 놀랐다. 1,000만 달러? 펼쳐졌던 오른손가락 다섯이 꼽아졌고 왼손 또한 새끼손가락을 제외한 모든 손가락이 꼽아졌다. 새끼손가락마저 꼽으려던 박준식은 무심코 고개를 들어 안철수를 바라보았다. 아무런 표정 변화가 없었다. 그 순간, 박준식은 호흡이 멎는 듯했다. 세상에, 100억 원? 그런데 저 표정은 뭐야?

박준식은 안철수연구소가 숫자에 동그라미가 열 개나 붙을 정도로 가치 있는 회사로 인정받게 되었다는 것과 더불어 그 엄청난 숫자의 유혹에도 아무런 변화가 없는 안철수의 표정에 뒷골이 땅할 만큼 충격을 받았다. 등에서 싸늘한 물방울이 흘러내리는 것 같았다. 짧은 긴장감이 흐른 뒤, 안철수의 입에서는 단호한 한마디가 흘러나왔다.

"노!"

아, 왠지 모를 희열감이 온몸을 감쌌다. 역시 안철수였다. 사람들을 위해 백신을 연구하고 개발하는 회사를 숫자로 계산하려는 발상이나, 매각 협상으로 연구를 중단해 백신을 개발해내지 못하는 것은 안철수가 꿈에도 생각지 않던 일이었다. 애초에 그가 회사를 설립한 목적은 돈을 버는 데 있지 않았다. 안철수에게 안철수연구소의 의미는 사회 구성원으로서 사회에 기여하는 것, 그 이상도 이하도 아니었다.

이해할 수 없다는 듯 연신 고개를 갸웃하는 M사 회장과 그의 직원들을 향해 안철수는 혼잣말처럼 나지막하게 되뇌었다.

"우리가 지금 하고 있는 일, 충분히 희망이 있다는 증거를 보여주셨네요. 하지만 대한민국의 희망을, 우리 회사의 영혼을 단순히 돈으로 계산할 순 없지 않겠습니까?"

그 말에 박준식은 피식 웃음을 흘렸다. 자신이 하는 일이 자랑스러웠고 희망의 꽃이 더욱 활짝 피어나는 듯했다.

M사와의 협상은 그렇게 묻히는가 싶었다. 비밀로 하자는 약속을 한 것은 아니지만, 해프닝으로 끝난 일을 굳이 떠들고 다닐 이유가 없어서였다. 그 사실이 세상에 알려진 것은 그로부터 6개월이 지난 뒤였다. 미국 실리콘밸리로 출장을 갔던 모 일간지 기자가 M사와의 협상 때 동석했던 삼성SDS 사람과 식사를 하다가 우연히 그 말을 듣게 되었던 것이다. 그때 여담으로 했던 말이 이듬해인 1998년 1월 모 일간지에 대문짝만하게 실리면서 세상에 알려지기 시작했다.

사실, 1997년에는 M사뿐 아니라 S사와 T사 등의 글로벌 보안 업체도 안철수연구소에 손을 뻗었다. T사는 당시 한글과컴퓨터사와 삼성SDS가 소유하고 있던 안철수연구소 지분을 인수하려는 시도를 했고, S사와 C사도 제휴나 합작법인 설립을 제의해왔다.

한편 안철수연구소는 M사의 거듭된 인수 제의를 거절하는 대신 1997년 말 영업 부문에서 조인트 벤처(2인 이상의 사업자가 어떤 사업을 공동으로 수행하고자 공동출자해 설립하는 합작회사)를 세우기로 했다. 그러나 1998년 초에 협상이 결렬되면서 조인트 벤처 설립은 무산되었다.

신뢰를 담보로 하라

1997년과 1998년에는 국내 보안 시장이 서서히 성장하면서 시장을 선점하기 위한 쟁탈전이 치열했다. 영업 현장은 말할 것도 없고 언론 홍보전도 매우 뜨거웠다. 특히 새로운 바이러스가 등장했을 때 경쟁사보다 1분이라도 빨리 관련 보도 자료를 제공하기 위해 신경을 곤두세웠다. 언론에서 보도 자료가 들어오는 순서를 두고 대응 속도를 평가하는 기준으로 삼는 경우가 허다했기 때문이다.

가장 첨예하게 대립했던 부분은 동일한 바이러스 샘플을 PC에 감염시켜 놓고 어느 백신이 더 많이 진단하고 치료하는지 알아보는 벤치마크 테스트였다. 백신은 테스트에 사용하는 바이러스 샘플을 어떻게 구성하느냐에 따라 결과가 크게 달라질 수 있고, 마음만 먹으면 자사 제품에 유리한 자료를 얼마든지 만들 수 있었다. 이것은 문제의 소지가 있었다. 실제로 어느 글로벌 보안 업체는 자사 제품을 판매하는 유통사를 앞세워 한 IT 관련 협회에 성능 테스트를 의뢰한 다음, 자사 백신 중에서 가장 잘 진단하고 치료하는 바이러스 샘플만으로 테스트를 했다. 그리고 그 결과를 바탕으로 자사 제품에 유리한 자료를 만들어 영업에 활용하는 것은 물론 언론에 제공했다.

당시 홍보를 맡았던 황미경은 그런 업체의 부당성을 알리고자 주요 매체를 찾아다니며 일일이 설명을 하고, 혹시 있을지도 모를 오해를 푸느라 애를 썼다. 간혹 PC 전문지에서 테스트를 실시해 기사화하는 경우도 있었는데, 이때는 공정성을 확보하기 위해 개발자들이 직접 가서 밤늦도록 상황을 지켜보기도 했다. 인터넷 사용이 대중화되기 전이라 PC 전문지의 벤치마크 테스트의 영향력이 상당했기 때문이다. 당연히 혹시라도 결과가 잘못 나오지 않을까 하는 우려가 클 수밖에 없었다.

그 무렵 바이러스 분석을 맡아 밤늦게까지 PC 전문지의 테스트에 참석했던 차민석과 조춘구는 이렇게 회상했다.

"업체별로 일정 수량의 바이러스 샘플을 가져가서 공정하게 테스트가 이뤄지는지 지켜보는 자리였어요. 피곤할 틈이 없었죠. 관자놀이에 시퍼런 정맥이 불거질 정도로 두 눈 가득 힘을 실었거든요. 잔뜩 긴장한 상태에서요!"

지금도 이런 상황은 크게 달라지지 않았다. 어떤 업체는 아르바이트 인력을 고용해 온라인상에서 음해성 글을 올리는가 하면, 외국의 개인 바이러스 수집가가 테스트한 신빙성 없는 자료를 자사에 유리하다는 이유로 무분별하게 유포해 사용자들에게 혼란을 주기도 한다.

무분별함이 기승을 부리면 정작 과학은 아무것도 아닌 게 되어버린다. 이것은 예나 지금이나 마찬가지다. 현재 안철수연구소는 국제인증기관으로부터 공신력 있는 테스트를 거쳐 인증을 받고 있다. 악성코드 프로그램 샘플을 100퍼센트 성공적으로 진단해야 받는 '체크마크' 인증과 'VB 100% 어워드'를 통해 신뢰성을 담보하고 있는 것이다. 특히 체크마크나 VB 100% 어워드 등 국제 공인 테스트에서 널리 사용하는 악성코드 샘플은 와일드 리스트(Wild List, 전 세계적으로 두 곳 이상의 지역에서 실제로 감염 활동이나 발견 등의 보고가 있던 바이러스 목록)에서 임의로 골라 구성한다. 안철수연구소도 우리나라를 대표해 와일드 리스트 리포터로 활동하고 있다.

위기에서 기회의 싹을 틔우라

이게 아니었나, 그렇다면 저것일까? 수익 모델은 언제나 고민거리였다. 더욱이 IMF라는 폭풍은 이것저것 가리지 않고 가차 없이 냉기를 뿜어댔다. 안철수연구소 역시 그 폭풍을 비껴갈 수 없었다.

당시 상당수의 소프트웨어 업체가 마케팅 초점을 개인 사용자에게 맞추고 있었다. 좀더 큰 규모의 기업고객 시장은 외국 기업이 선점했고, 개인고객 시장에서는 불법 복제가 만연해 큰 이익을 낼 수 없었다. 많은 업체가 고전을 면치 못했던 이유가 바로 여기에 있었다.

안철수연구소는 처음부터 기업고객 시장에 초점을 맞췄지만 시장 규모는 좀처럼 커질 기미가 보이지 않았다. 더욱이 불경기의 여파가 몰아친 기업고객 시장의 폭발적인 성장을 바라는 것은 지나친 욕심이었다.

1997년, 안철수연구소의 외형적 성과는 미미했다. 전년도 말 기준 매출액이 채 10억 원도 되지 않았다. 여기에 PC 생산업체에 번들로 공급하는 제품의 기준가격을 소프트웨어 가격의 현실화를 도모하기 위해 새롭게 책정했다. V3Pro 97을 번들로 공급할 때 최소 1만 원을 기준가격으로 책정했던 것이다.

그런데 그때까지만 해도 백신 소프트웨어 업체는 대량 납품과 그에 따른 마케팅 효과를 고려해 제 살을 깎아먹는 출혈 경쟁을 마다하지 않았다. 그러니 안철수연구소의 납품 조건에 응할 PC 생산업체가 있을 리 만무했다. 결국 번들 시장은 외국 업체에 넘겨주고 말았다. 외국 업체처럼 규모가 큰 것도 아닌데 손해를 감수하며 낮은 가격으로 납품을 해서는 견딜 재간이 없었던 것이다.

이것은 어느 정도 예상했던 결과였기 때문에 크게 좌절하지는 않았다. 대신 안철수연구소는 나름대로 흔들리지 않는 원칙을 지키며 외국 업체의 파상공세에 대응했다. 내적으로는 고정 비용을 줄였고, 외적으로는 국산 소프트웨어 업체임을 내세워 애국심을 자극하기보다 제품 기획을 통해 살길을 찾아나갔다.

당시 국내의 많은 소프트웨어 업체가 마케팅 전략 차원에서 토종 소프트웨어임을 상징하는 브랜드네임으로 제품을 출시했다. 하지만 안철수연구소는 그보다 기술 개발에 집중하면서 내·외적 성장의 힘을 차곡차곡 비축해나갔다.

그 힘은 미래 시장을 대비한 제품으로 모습을 드러냈는데, 대표적으로 클라이언트 백신-서버 백신-인터넷 백신을 잇는 'V3 Manager'

가 있다. 그 무렵 시장에서는 인터넷이 활발하게 보급되면서 모든 컴퓨터가 글로벌하게 연결되는 환경이 구축되었다. 더불어 컴퓨터를 이용한 생산성이 높아지는 동시에 관리 비용이 하늘 높은 줄 모르고 치솟았고, 이에 따라 관리 비용 절감이 또 다른 쟁점으로 등장했다. 그에 대한 대비책으로 나온 것이 네트워크 컴퓨터이다.

이것은 단지 컴퓨터 자체만의 문제가 아니라 IT 산업 전반의 흐름이었다. 당연히 백신도 예외일 수 없었다. 안철수연구소는 이러한 변화에 재빨리 대응했고 그 결과물이 V3 Manager이다.

V3 Manager의 출시에는 여러 가지 의미가 담겨 있다. 이것은 세계 3위의 글로벌 기업과 같은 시기에, 그것도 2위 업체보다 한 달 앞서 시장에 내놓은 제품이었다. 직원이 20여 명 수준인 안철수연구소와 1,000명이 넘는 글로벌 기업이 비슷한 수준의 제품을 동시에 내놓았다는 것은 단순 비교를 하더라도 놀라운 성과라고 할 수 있다. 아니, 개발 인력이나 여러 가지 환경을 고려한다면 기적에 가까운 압승으로 볼 수 있다.

그 성과는 현실적인 면에서도 분명하게 나타났다. 당시 글로벌 기업의 백신은 다른 나라 곳곳의 시장을 단숨에 장악했지만, 우리나라만큼은 그들의 시나리오대로 침범하지 못했다. 기획력과 기술력을 앞세운 안철수연구소가 버티고 있었기 때문이다.

안철수연구소의 그러한 저력은 대체 어디에서 나온 것일까? 더욱이 IMF라는 한랭전선이 전국을 꽁꽁 얼어 붙이고 있는 상황에서 말이다. 아마도 그 원동력은 제품 기획에 대한 집중력과 이를 뒷받침하는 빠른 시도가 병행되었기 때문일 것이다.

"당시 저는 한 가지 업무만 맡은 게 아니었어요. 기술적 리뷰는 물론 사용자 요구사항을 취합해 제품 기획에 반영하기도 했습니다. 그러다 보니 자연스레 많은 고객을 만나게 되었죠. 그들이 무엇을 원하는지 귀 담아 들었고, 단지 듣는 것으로 그친 게 아니라 그들의 요구사항을 IT 산업 흐름과 맞물려 고민했습니다. 일단 토론을 통해 어떤 사안이 결정되면 집중적이고 빠른 시도를 했지요. 다행히 결과가 좋았습니다. 지금 생각해도 다행이다 싶어요."

당시를 회상하는 박준식의 말끝에는 안도하는 표정과 간담이 서늘해지는 끔찍한 기억을 떠올리는 듯한 표정이 오버랩 되어 있었다.

사실 그의 말에는 오늘날 우리의 IT 산업이 처한 운명이 고스란히 담겨 있다. 한 제품에 집중적이고 빠른 시도를 하고 엄청난 노력을 기울이더라도 실패 확률이 성공 확률과 같은 선상에 있음을 간과할 수 없는 것이 벤처기업이 안고 있는 운명이기 때문이다. 성공과 실패가 종이 한 장 차이밖에 나지 않는, 즉 지옥과 천당이 공존하는 것이 벤처기업의 실상이다.

언제든 실패할 수 있다는 위험을 등에 짊어진 안철수연구소는 결코 제품 기획을 멈추지 않았다. 시도하는 것 자체가 위험천만한 행보였음에도 경쟁자를 앞서기 위한 안철수연구소의 진군은 계속되었다. 시쳇말로 가진 게 쥐뿔도 없던 안철수연구소 사람들의 열정은 그렇게 위기 속에서 기회의 싹을 준비하고 있었다.

실수에서 배우고 실패를 딛고 성장한다

안철수연구소에서 기획한 제품이 모두 성공적이었던 것은 아니다. 한 번은 V3Pro 98 베타 버전 제품을 완성하고 테스트하는 과정에서 버그bug(프로그래밍 등의 오류)가 발생했다. 어떤 환경만 되면 실행 프로그램이 다른 파일을 지워버렸던 것이다. 10여 명의 고객 피해 신고가 이어지면서 안철수연구소는 즉시 사용 중단을 권고하고 사용자의 파일을 복구해주는 것은 물론 제품을 교환해주었다.

그런가 하면 최종 버전을 출시하려다 중단한 일도 있다. 제작된 CD는 모두 회수해 폐기처분하는 대신 깜짝 아이디어로 시계를 만들어 직원과 고객에게 선물했다.

불모지를 개척하다 보면 바위도 만나고 자갈에 걸리기도 한다. 실패와 실수는 언제든 있을 수 있다. 하지만 거기에 걸려 넘어지더라도 다시 일어서면 그뿐이다. 안 되는 방법을 하나 발견한 셈이니 그 또한 전혀 무익한 것은 아니지 않은가?

그즈음 안철수연구소는 회사의 존망이 달린 기획 제품 앤디EnDe를 개발하기 시작했다. PC 보안 제품인 앤디는 데이터나 디렉토리를 보호하기 위해 사용되는 암호화 소프트웨어로 내부자에 의한 정보 유출이나 외부 침입으로부터 PC를 안전하게 지키기 위한 의도로 개발이 진행되었다. 1998년 10월, 이재한이 입사한 계기도 앤디 개발에 있었다.

"회사에서 기대하는 목표치가 꽤 높아 부담스러웠죠. 목표치가 높았던 이유는 앤디가 PKI Public Key Infrastructure(공개 키 기반 구조)에 기반을 둔 제품이기 때문입니다. 아직까지도 대부분의 PC 보안 제품이 대칭 키에 기반을 두고 있는 것만 보더라도 당시 공개 키를 사용했다는 것은 앞서도 한참 앞선 것임을 알 수 있죠. 열악한 환경을 딛고 네트워크에서 공유하고 네트워크에서 관리할 수 있는 제품을 개발하기 시작했다는 것은 누가 봐도 미래를 앞당겨 놓을 만한 도전이었습니다."

개발에 참여했던 이재한의 감회는 분명 남달랐다. 반면 아쉬움도 컸던지 그 서운한 마음을 이렇게 녹여냈다.

"대한민국에서 IT 산업, 특히 개발자로 산다는 게 생각보다 훨씬 어렵습니다."

제품 개발이 시작되면 그 작업이 본 궤도에 오르기까지 물질적, 정신적으로 많은 어려움이 따르게 된다. 투자되는 것이 엄청나기 때문이다. 더욱이 IT 산업 환경이 열악한 탓에 대부분의 기업이 시작과 동시에 성과를 내주길 기대한다. 안철수연구소 역시 예외일 수 없었다. 특히 회사의 존망이 걸린 제품 개발이라 더욱 그러했다.

"시장의 반응이 기대에 미치지 못했어요. 대박감이 못 아니었던 거죠."

제품이 출시되자 시장은 '이슈가 될 만한 제품이긴 하지만 지나치게 시장을 앞선 제품'이라는 평가를 내렸다. 앤디는 사용자가 컴퓨터를 켤 때, 미리 정해둔 비밀번호를 입력해야만 켜지게 되어 있었다. 동시에 사용자가 일정 시간 자리를 비우면 잠금 화면이 떠 외부인이 내용을 볼 수 없게 하는 기능이 있었다. 문제는 사용자가 툭

하면 비밀번호를 잊어버린다는 데 있었다.

당시만 해도 시장의 전반적인 흐름이 개인 정보 보호에 그다지 촉각을 세우는 편이 아니었다. 하지만 이재한을 비롯한 안철수연구소 사람들은 반드시 개인 정보 보호가 필요해질 것으로 여겼고, 때가 되면 앤디가 중요한 역할을 할 것이라고 믿었다.

특히 이 제품에 대한 반응이 국내보다 일본에서 더 빠르게 나타나면서 안철수연구소는 제품에 대한 확신을 더욱 다지게 되었다.

"시장의 반응을 기다리는 게 힘들지, 일단 희망을 발견하면 그 다음은 쉽습니다. 성장 속도를 낼 수 있으니까요."

이재한의 말대로 일본에서의 손짓은 희망이 되었고 국내 시장에서도 점점 매출이 늘기 시작했다. 갈수록 개인 정보 노출이 범죄로 악용되는 사례가 늘면서 앤디의 위상은 서서히 높아졌다.

벤처기업에 있어 시간은 속도로 다가온다. 1분이 늦어지면 단순히 1분 늦는 것으로 끝나는 게 아니다. 그것은 제품의 생명을 부화시킬 수도 있고 아예 사장시킬 수도 있다. 다른 한편으로 1분, 1초는 기다림 혹은 느긋함으로 다가온다. 사용자는 시대를 앞선 제품이라고 해서 부화뇌동하지 않는다. 앤디처럼 기다림이 필요한 제품도 있을 수 있다. 앤디는 안철수연구소가 기다림을 통해 희망을 발견하도록 해준 매개체이다.

그리고 마침내 백신이 통합 보안 제품으로 진화하는 과정에서 앤디의 암호화, 파일 완전 삭제 기능 등이 V3 제품군에 통합되었다.

정직과 진심으로
사람의 마음을 얻으라

'삶이란 무엇인가'라는 의문에 휩싸일 때마다 많은 사람들은 가장 먼저 괴테를 떠올린다. 아마도 그가 자신의 온 삶을 통해 세계를 논했기 때문일 것이다.

1997년 영업맨으로 안철수연구소에 입사한 고광수는 '사는 게 뭔가'라는 의문이 고개를 들 때마다 아버지를 떠올리곤 했다. 사업을 하셨던 그의 아버지는 돈과 관련된 유혹을 수없이 받았는데, 그때마다 그 돈의 액수만큼 자신의 자존심을 사는 것으로 유혹을 뿌리쳤다고 한다. 덕분에 그의 아버지는 늘 자식 앞에서 청렴하게 살 것을 떳떳하게 가르칠 수 있었다. '시대의 정신'으로 불리며 아버지의 가르침과 부합하는 경영 스타일을 보이던 안철수연구소는 그에게 자랑스러움 그 자체였다.

세상에서 가장 안전한 이름, 안철수연구소

영업맨이 열정을 불사를 수 있는 범위는 그야말로 광활했다. 한창 영업의 쓴맛을 느낄 즈음 97 한국 소프트웨어 전시회 SEK에 참석한 고광수는 아침부터 바지런을 떨어 꽤 많은 매출을 올릴 수 있었다. 그것도 일반 소비자에게 직접 제품을 판매하는 행사인 만큼 현금(당시만 해도 신용카드 구매가 그리 많지 않았다)으로 올린 짭짤한 수입이었다.

그런 그가 입사한 이래 쭉 고민했던 문제는 회사가 늘 경제적 어려움에서 헤어나지 못하고 있다는 사실이었다. 백신이 유료 모델로 성공할 수 있을지도 불투명했고, 더욱이 당시는 유학을 마친 안철수가 급성간염으로 3개월 넘게 병상을 지키다 근무를 시작한 지 얼마 되지 않을 때였다. 어쨌든 총을 쏘려면 총알이 있어야 하는 것은 당연한 일 아닌가? 회사를 위하는 마음이 간절했던 그는 탈세라고 볼 수 없는 아니, 절세할 수 있는 나름의 방법을 정리한 결재서류를 들고 포부도 당당하게 안철수를 찾아갔다.

자신의 아이디어가 당연히 채택될 것이라 믿고 어깨를 쫙 펴고 서 있던 그에게 날아온 한마디는 의외였다.

"이러지 마세요!"

결재서류를 내려놓는 안철수의 입에서는 고광수가 기대했던 말이 아닌 질타에 가까운 우려의 목소리가 흘러나왔다. 아니, 뭐라고요? 지금이 어느 때인데….

"네? 웁."

너무 놀란 나머지 고광수는 하마터면 딸꾹질까지 할 뻔했다.

"원칙대로 해야지요. 많이 벌어서 번만큼 세금 많이 냅시다."

안철수의 말이 떨어지기가 무섭게 고광수는 쥐구멍이라도 찾아들고 싶은 심정이었다. 아차, 싶었다. 순간 안철수의 모습에 아버지의 모습이 겹쳐지면서 그는 부끄러움도 잊은 채 엷은 미소를 머금었다. 자신의 아버지처럼 원칙에 일관성을 보이는 사람과 함께 일하고 있다는 것이 기뻐서 마음속에 뜨끈한 무언가가 일렁이는 듯했다.

그에게서 그 말을 전해들은 박준식은 크게 너털웃음을 터뜨렸다. '정말이야? 설마…' 하는 말을 기대했던 그의 입에서는 한 술 더 떠 이런 말이 흘러나왔다.

"나, 이 회사 정년까지 다닌다. 아니, 가능하면 내 자식 잘 키워서 함께 근무하고 싶다. 퇴직하면 주차장 수위라도 할 거야."

그 순간, 박준식은 남들처럼 하지 않아도 한국에서 성공할 수 있다는 것을 보여주겠다던 안철수의 말을 떠올리고 있었다. 박준식은 잔뜩 펼쳐 놓은 이야기보따리를 서둘러 꽉 동여매듯 아예 못을 박아버렸다.

"이런 회사라면 몸 바쳐 일할 만하지 않겠어?"

처음에 안철수로부터 투명한 경영을 하겠다는 말을 들었을 때 잠시나마 가졌던 엉뚱한 의혹은 말끔히 씻겨나갔다. 안철수의 말은 결코 공허한 메아리가 아니었다. 사소한 것 하나만 봐도 그가 추구하는 가치관은 명확했다.

다만 지금껏 희망의 모습으로 존재하지 않아 그것을 알아보는 데 시간이 걸렸을 뿐이다. 그 희망이 서서히 봉오리를 맺고 있는데 그

찬란한 만개에 햇빛 한줌이라도 보태야 할 것이 아닌가?

사람에게 투자하라

세상에 죽어도 못할 게 있고 반대로 죽어도 꼭 해야 하는 게 있을까? 살다보면 가끔 "이건 죽어도 못해", "죽어도 이건 해야겠다"라는 말을 듣지만, 정말 '죽어도'라는 게 있을까?

1998년 말 안철수연구소는 당시로서는 꽤 큰 규모, 즉 15억 원의 투자를 받았다. 그렇다고 회사 상황이 그 정도 규모의 자금을 수혈해야 할 만큼 어려웠던 것은 아니다. 자금 사정이 넉넉지는 않았어도 꼼꼼한 관리로 큰 빚을 얻어 쓸 형편은 아니었다. 다만 1999년이 되면 벤처기업에 대한 정부의 자금 지원이 바닥날지도 모른다는 판단에 위기관리 차원에서 펀딩을 받아둔 것이다.

일단 차고 넘치게 수혈이 이뤄지자 회사 안팎의 분위기는 금세 달라졌다. 내부적으로는 회사의 가치가 높아질 거라는 기대감에 직원들이 안도했고, 외부적으로는 안철수연구소를 바라보는 시각에 확연한 차이가 드러났다. '큰 규모의 펀딩을 받을 수 있는 회사라면 비전이 있다는 증거 아니겠어?' 하는 듯한 표정이 역력했다.

어쨌든 회사 입장에서는 이도저도 나쁠 상황은 아니었다. 펀딩에 대해 회사나 직원, 투자자가 서로 동상이몽에 빠져 있든 말든 물질적 안정은 심리적 안정과 더불어 일에 대한 열정에 기름을 들이부었다.

안철수연구소는 조금씩 규모가 커지기 시작했고 제품 기획과 인적 자원에 대한 투자가 더욱 활발해졌다. 특히 심혈을 기울인 것은 사람에 대한 투자였다. 프라이드가 강한 직원들의 자율을 허용하면서 일상적인 환경보다 더 좋은 환경, 즉 창조적인 일을 하는 데 몰입할 환경을 제공하기 위해 애썼던 것이다.

그렇다고 마이크로소프트사의 개발자들처럼 개개인의 방을 만들어주고 그들의 방에 놓인 냉장고에 먹을거리를 가득 채워주기 위해 펀딩 받은 것으로 사옥을 짓거나 부동산을 구입하지는 않았다. 대신 파티션을 높여 개개인의 공간을 확보해주는 것은 물론, 시간에 구애받지 않도록 출퇴근의 자율을 허용했다. 이는 업무 효율을 높이기 위한 핵심 역량 강화 차원에서 실행한 일이었다. 2000년 10월, 면접을 보러왔던 이호웅은 이러한 안철수연구소의 분위기에 신선한 충격을 받고 입사를 결심했다.

"높은 파티션 사이를 비집고 음악소리가 흘러나왔어요. 음악을 들으며 일을 하는 개발자들 표정에서 여유가 느껴졌죠. 조직적이면서도 자유로웠어요. '아, 여기서 일하고 싶다'라는 생각을 하는 순간, 파티션 사이를 헤집고 다니며 직원들에게 우편물을 전달하는 사람이 눈에 띄었어요. 튀는 복장에 킥보드를 타고 있었으니 길거리에서 마주쳤어도 눈에 확 들어왔을 겁니다. 더욱 놀라운 건 그(정덕영)가 낮에는 개발을 하고 밤에는 무에타이를 한다는 사실이었죠."

성질 깐깐하고 튀는 개성에 사족을 못 쓰는 그가 개성 넘치는 안철수연구소의 분위기에 사로잡히는 것은 당연했다. 면접 담당자로부터 즉시 채용하겠다는 확답을 듣지 못한 상태에서도 그가 한 달 넘게 기다렸던 이유가 바로 여기에 있었다. 사실 그는 다양성을 존중하고 사람의 역량이 다를 수 있다는 것을 인정하는 직장을 원했다.

그렇다고 그러한 분위기가 긍정적인 면만 내포하고 있었던 것은 아니다. 높은 파티션으로 인해 직원 간의 커뮤니케이션이 단절되는가 하면, 하루에 최소한 4시간만 근무하는 시스템은 회의를 할 수 없게 만들었다. 오후 2시에 출근해 6시에 퇴근하는 직원이 있는가 하면, 점심 때 출근해 저녁 먹고 퇴근하는 직원이 있다 보니 함께 모여서 회의를 할 수가 없었던 것이다.

물론 지금은 변화를 거듭해 코어타임 Core Time 으로 오후 6시와 7시를 퇴근시간으로 하고 있다. 직원들 입장에선 공간과 시간 후퇴가 이루어진 셈이다. 이러한 환경에서 안철수연구소 사람들은 서로를 위해 직접 쇼를 하며 일반 기업에서 쉽게 허용되지 않는 일에 거침없이 도전한다.

흘러가는 강물은 어떤 장해물을 만나도 성급하게 거품을 일으키지 않는다. 그저 조용히 주변을 맴돌다 언제 그랬냐는 듯 자연스레 흘러갈 뿐이다.

THE SAFEST NAME IN THE WORLD

03

우리가 이 땅에서 일하는 이유

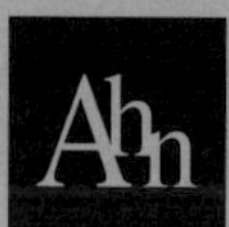

I
CIH 바이러스의
습격

"지나가던 새가 물어갔나, 일이 이렇게 없어서야 원…."

1999년 초 입사한 재무전문가 김기인은 불안했다. 갓 입사한 처지라 열심히 일하는 모습을 보여주어야 마땅한데 업무라고 해야 고작 30~40분이면 말끔하게 정리될 정도였으니 그도 그럴 만했다. 업무량이 쥐꼬리인 것도 그렇지만 자신을 괴물 보듯 새치름한 눈길을 보내는 김현숙 또한 여간 부담스러운 게 아니었다.

반면, 김현숙은 김기인의 행동 하나하나가 신통방통해 내심 입을 다물지 못하고 있었다. 사실 김기인이 입사하기 전까지 그 업무는 모두 그녀의 몫이었다. 그녀가 하루 종일 낑낑거리며 간신히 처리해왔던 업무를 단 30~40분 만에 게 눈 감추듯 해치우는 김기인이 괴물이 아닌가 싶었다.

"한번은 근처 주거래은행인 S은행 지점장이 꽃다발을 들고 사무실을 방문했어요. 창립 이래 처음이었죠. 은행 업무라고 해야 한글과컴퓨터사에서 받은 어음을 깡(할인)하기 위해 들른 게 전부라 담당자 외에 지점장 얼굴은 본 적도 없습니다. 그런 지점장이 그것도 무지막지하게 큰 꽃다발을 들고 찾아오리라고는 생각지도 못했어요. 반갑게 인사를 했죠. 근데, 김기인 부장님(현재 상무)은 달랐어요. 웃겨 죽는 줄 알았지요. 지점장을 그대로 앉혀두고 자신이 하던 일을 모두 마친 후에야 겨우 마주앉더라고요. 저라면 그렇게 못했죠. 아마 손님 맞느라 우왕좌왕, 난리도 아니었을 거예요."

김현숙은 거침없이 일처리를 하는 김기인의 대처 능력이 무척 부러웠다. 오랜 조직 생활로 몸에 밴 체계적인 업무 능력이 그저 놀랍기만 했던 것이다. S은행 지점장이 어려운 발걸음을 한 이유는 1998년 말에 펀딩 받아 예치해둔 15억 원 때문이었다. 자리가 사람을 만든다는 피터의 원리대로라면, 그 순간은 분명 돈이 사람을 만들었다고 해도 과언이 아니다.

가끔 그것도 작은 액수의 어음을 할인하기 위해 번호표를 뽑고 순서를 기다리던 김현숙을 지점장은 기억하지 못했다. 지점장은 15억 원이라는 돈을 보고 찾아온 것이지 사람을 보고 찾아온 것은 아니었다. 그녀의 커다란 웃음은 어느새 쓴웃음으로 변해 있었다.

한편, 내심 놀라움을 감추기 위해 하루에도 수십 번씩 마음을 꼭꼭 여민 김현숙과 달리 김기인은 두 달 가까이 고민에 빠져 있었다.

'직원도 많지 않고 매출도 시원치 않고 내가 딱히 할 일이 없는

것 같은데….'

입사 면접 때 우려했던 일이 현실로 다가오자 그는 일이 없는 것에 대해 압박감마저 느끼게 되었다. 사실 김기인은 면접을 할 때 안철수에게 대놓고 물어보았다.

"현재 매출을 생각하면 일도 많지 않을 것 같은데 왜 저를 채용하려는 거죠?"

그러자 안철수는 기다렸다는 듯 조용히 말했다.

"기반을 다지려고요. 쉬엄쉬엄 하시죠!"

안철수의 쉬엄쉬엄 하라는 말의 효력은 약발이 금세 떨어지고 말았다. 목울대까지 차올랐던 '그만둘까'를 꼴깍 삼켜야 할 만큼 정신없이 뛰도록 재촉할 산더미 같은 일이 문 밖에 성큼 다가와 있었던 것이다. 그 누구도 예상치 못한 일이었다. 김기인은 자신의 투정을 서둘러 쓸어 담으며 한마디를 쏟아냈다.

"앗, 속았다!"

보이지 않는 적과의 싸움

1999년 4월 26일 아침, 햇살은 아직 잠을 덜 깬 모양인지 기척도 없는데 날은 완전히 밝아 있었다. 갑자기 안철수연구소의 전화벨이 신경질적으로 울려대며 간신히 어둠을 밀어낸 사무실의 허공을 가로질렀다. 그것은 그저 시작일 뿐이었다. 날이 밝기가 무섭게 온 나라가 큰 혼란에 휩싸여 버렸던 것이다.

CIH 바이러스 대란이었다. 설마 하고 간과했던 보이지 않는 적군은 삽시간에 전국을 아수라장으로 밀어 넣었다. CIH 바이러스의 대침공은 전국의 PC 30만 대를 일시에 초토화시켰다. 그로부터 안철수연구소의 전화기는 단 한 숨도 멈춤 없이 줄기차게 울렸다. 잠시 외근을 나갔던 안철수가 회사와 통화를 하려고 수없이 시도했지만 한 번도 통화할 수 없을 만큼 전화기는 쉼 없이 울어댔다.

회사 전화 회선의 물리적 한계로 전화 접속률은 10퍼센트에도 채 미치지 못했고, 어렵사리 접속에 성공한 고객들은 버럭 화부터 내기 일쑤였다. 그날부터 1주일간, 안철수연구소의 전 직원 40여 명은 전적으로 고객지원 업무에 매달렸다. 화장실에 갈 시간은 물론 심호흡 한 번 맘껏 할 시간조차 없이 하루하루가 우당탕탕 흘러갔다.

전화 상담 이외에 복구 서비스도 해야 했다. 컴퓨터를 복구하기 위해 하루에 수백 명이 사무실로 몰려들었다. 시장통이 따로 없었다. 그나마 안철수연구소는 다른 벤처 기업에 비해 조용한 편이었다고 하니 당시 상황이 얼마나 심각했는지 짐작할 만했다.

대기업과 관공서, 군부대 등에서 하드디스크를 취합해 가져온 사람들은 반쯤 넋이 나간 듯했다. 오랫동안 추진해온 프로젝트 자료를 모두 날려버렸을까 사색이 된 대학원생도 있었고, 방송할 데이터를 날려버린 작가도 있었다. 안철수연구소를 출입하던 기자 중에는 아예 감염된 컴퓨터를 들고 온 사람도 있었다.

입사한 지 석 달 만에 대란을 맞은 최문자는 쉴 새 없이 걸려오는 고객들의 문의 전화를 받느라 물 한 모금 마실 짬도 내지 못했다.

화장실 가는 것조차 엄두를 내지 못할 지경이었다.

"그로부터 9년이 지난 지금까지도 그때의 충격이 가시지 않아요. 정말로 그토록 많은 사람이 CIH 바이러스에 감염되었을 거라곤 생각조차 못했지요. 끊임없이 울어대는 전화기와 하드디스크를 들고 찾아오시는 고객들을 보면서 큰 난리가 난 걸 실감했죠. 수화기를 내려놓기 무섭게 울어대던 전화벨 소리가 지금도 생생해요. 얼마나 많은 전화를 받았는지 목소리가 제대로 나오질 않았어요. 같은 상담을 수도 없이 반복하느라 온몸의 기운이 다 빠져나갔어요. 더는 상담할 수 없을 것 같다가도 지푸라기라도 잡는 듯한 다급한 고객의 목소리를 접하면 언제 그랬냐는 듯 생생해지곤 했어요. 제 지친 목소리로 고객이 가졌던 한 가닥 희망을 미리부터 빼앗을 수는 없었으니까요."

최문자의 업무는 그게 끝이 아니었다. 오후 6시로 공식적인 업무는 끝이 났지만 그때부터 제2의 업무가 시작되었다. 고객 문의에 대한 통계를 내고 보고서를 작성해야 했던 것이다. 그때 긴급 투입된 고객지원 전문가인 진윤정은 당시의 긴박했던 상황을 이렇게 회상했다.

"저는 원래 감정을 잘 숨기지 못하는 편이라 별명이 일기예보에요. 그런데 열흘 가까이 잠도 못 자고 먹지도 못 했는데 이상하게 힘들다는 생각이 들지 않았어요. 그런 엄청난 혼란 속에서 제가 뭔가를 하고 있다는 게 오히려 자랑스러웠죠."

거기까지 말을 하던 그녀가 잠시 말을 끊었다. 그러고는 이내 이렇게 덧붙였다.

"감동받았대요. 친절하게 상담하는 저에게요. 그거면 된 거잖아요."

성장보다 기본에 집중하라

CIH 바이러스가 국내에 처음 들어온 것은 1998년 6월이었다. 이후, CIH 바이러스에 대한 상담은 꾸준한 상승세를 보였다. 시중에 나돌던 불법 소프트웨어가 많이 감염된 것도 바이러스를 급속히 확산시킨 한 원인으로 작용했다. 심지어 컴퓨터 잡지의 부록으로 나온 CD롬까지 감염된 경우도 있었다.

안철수연구소는 바이러스를 퇴치할 수 있는 백신 개발에 성공한 이후 지속적인 업데이트가 필요하다는 것을 누누이 강조했다. 그러나 당시만 해도 일단 백신을 깔아 놓으면 그걸로 충분하다고 생각하는 사람이 태반이었다. 실제로 문제가 발생한 1999년 4월까지 많은 사용자가 백신 프로그램을 업데이트하지 않았다.

1999년 4월 초부터 황미경은 각 언론사에 업데이트된 백신 프로그램으로 CIH 바이러스에 대한 대비책을 세워야 한다는 내용의 보도 자료를 돌렸다. 4월 26일이 월요일이라 CIH 바이러스가 잠복해 있다가 한꺼번에 나타나 부팅이 안 될 수도 있고, 부팅이 되더라도 작동되지 않을 수 있음을 누차 경고한 것이다. 하지만 안철수연구소의 보도 자료는 그 중요성을 인정받지 못했다. 언론에서 그렇게 판단한 데는 대란이 벌어지기 얼마 전, 미국에서 심각한 피해를 입

했던 멜리사 바이러스가 우리나라에 별다른 피해를 주지 않고 지나
간 것도 한몫했다.

어찌 보면 CIH 바이러스 대란은 우리가 정보화 사회로 진입하는
과정에서 겪어야 했던 혹독한 통과 의례였는지도 모른다. 이것은
IT(정보 기술)가 생활에 편리함을 제공하긴 하지만, 관리를 소홀히
할 경우 대재앙이 될 수 있음을 가르쳐준 사건이었다. 또한 불법 소
프트웨어의 부작용과 컴퓨터 보안의 중요성에 새삼 눈을 뜨게 되는
계기가 되기도 했다.

결국 CIH 바이러스 대란은 사회 전체적으로 컴퓨터 보안의 중요
성을 인식하는 소중한 전환점이 되었다. 정부도 이때부터 컴퓨터
바이러스가 얼마나 위험한 재앙을 불러일으키는지 절감하고, 관련
법규를 강화하는 한편 수사팀도 보완했다. 컴퓨터 바이러스 관련
기사에 '최신 버전 업데이트 필요'라는 표현이 들어가게 된 것도 이
때부터의 일이다.

안철수연구소도 CIH 바이러스 대란으로부터 큰 교훈을 얻었다.
전화 폭주 등의 긴급 상황에 대비하고 좀더 빠르게 대응할 수 있는
시스템을 구축할 필요가 있음을 절감한 것이다. 이후 안철수연구소
에는 응급대응팀이 만들어졌다. 이것은 신종 바이러스가 갑자기 확
산될 때 메일 외에도 휴대전화 문자메시지 등을 통해 포괄적으로
대응할 수 있는 시스템이다.

이 사건을 겪고 난 후, 안철수연구소는 사업 계획을 일부 유보했
다. 사실은 1998년 말, 세계 백신 업체 중 네 번째로 V3가 중국 공

안부의 인증을 받으면서 본격적으로 중국에서의 사업을 준비 중이었다. 하지만 CIH 바이러스 대란을 겪은 뒤, 국내에서 제대로 중심을 잡지 못하면 수출도 힘들겠다는 생각에 해외진출을 잠시 미루었다. 또한 통합 보안 기업으로 가려던 CI 작업도 유보했다. 회사의 성장을 있게 한 기본축이 스스로 만족할 만한 성과를 내지 못하는 상황에서 다른 것을 동시에 추진한다는 것은 결코 올바른 게 아니라는 판단을 했기 때문이다.

두 번 다시
용서를 빌 수 없다

"V3가 바이러스에 감염된 채 고객에게 제공되었다고 하는데, 그게 사실입니까?"

1999년 12월 29일 아침, 한 언론사 기자로부터 전화를 받은 황미경의 얼굴은 사색이 되고 말았다. 거짓말할 생각은 하지도 말라며 들이대는 기자의 말에 황미경은 숨조차 제대로 쉴 수 없었다.

연구 개발 총책임을 맡고 있던 조시행은 즉각 사태 파악에 들어갔다. 밀레니엄 버그와 함께 이슈가 되었던 Y2K 바이러스에 대비하기 위해 안철수연구소는 정부 부처와 협조해 모의훈련을 했는데, 정부 부처에서 보내온 훈련용 파일에 실제 악성코드가 있었던 것이다. 그것이 일부 V3의 엔진 파일에 감염된 채 고객에게 제공되었다.

조시행은 서둘러 황규범을 문제가 발생한 P병원에 보냈다. 악성코드로 인해 병원 진단 시스템이 마비되면서 원무과를 비롯해 병원 관계자가 모두 컴퓨터 대신 수기로 작업을 하고 있었다. 문제는 의사들이 쓰고 있는 컴퓨터였다. 환자에 대한 데이터를 열람할 수 없어 수많은 환자가 제대로 치료받지 못해 고통을 겪고 있었다.

상황을 보고받은 조시행은 두 눈을 꼭 감을 수밖에 없었다. 작은 실수 하나가 얼마나 엄청난 사태를 초래했는지 지켜보면서 반성과 함께 지금 자신이 하는 일의 중요성을 새삼 깨닫는 계기가 되었다. 절대 실수해서는 안 된다는 사실을 처절하게 깨달았던 것이다.

조시행으로부터 상황을 보고받은 안철수는 즉시 사건을 솔직하게 알리고 사과하는 동시에 재발 방지를 위한 대책을 세우기 시작했다. 두 번 다시 고객에게 용서를 빌 수 없다는 전제 아래 우선 일반 장비와 업데이트 장비를 분리했다. 또한 직원들이 제품 테스트와 바이러스 테스트를 위해 사용 중이던 샘플 바이러스를 보유하지 못하게 하는 등 시스템과 환경에 대대적인 투자를 했다. 문제가 발생하면 좌절할 틈을 주지 않고 그것을 어떻게 해결할 것인가에 몰입하는 안철수연구소 식의 재빠른 결단과 행동이었다.

바이러스를 잡는 백신이 바이러스에 걸린 이 초유의 사태는 뉴스 중에서도 빅 뉴스감이었다. 안철수연구소로 집중되는 언론의 관심에 황미경은 엄청난 곤욕을 치러야 했고, 그 일은 다음날 대부분의 일간지를 도배하다시피 했다.

사건은 1999년 12월 초 안철수연구소가 "2000년 1월 1일이 되더라도 난리법석을 피울 만큼 큰 문제는 발생하지 않는다"는 보도 자료를 내놓은 것으로부터 시작되었다. 당시 IT 업계의 화두는 단연 밀레니엄(Y2K) 버그에 있었다. 분위기상 '무슨 피해를 입을지 모른다'고 말하기는 쉬워도 '문제가 없다'고 주장하기에는 무척 난감한 때였다. 혹시라도 피해가 생기면 그 책임을 고스란히 떠안아야 했기 때문이다.

더욱이 안철수연구소의 발표는 매출을 손쉽게 늘릴 수 있는 기회를 포기하는 셈이나 마찬가지였다. 다른 국내외 경쟁사들은 거대 재앙을 들먹이며 Y2K 바이러스에 대비하기 위한 제품을 앞 다퉈 내놓았다. 반면 안철수연구소는 눈앞의 이익을 좇아 고객을 속이지 않았다. 자체적으로 분석한 결과, 2000년 1월 1일이 되더라도 별다른 문제가 발생하지 않으리라 확신했기 때문이다.

안철수연구소의 한마디에 엄청난 시장을 놓치게 된 경쟁사로서는 당연히 안철수연구소가 눈엣가시일 수밖에 없었다. 그러던 차에 발생한 V3 감염 사태는 안철수연구소를 메다꽂을 수 있는 절호의 기회였다. 하지만 내심 회심의 미소를 짓던 경쟁사는 뜻하지 않던 좌절을 겪었다. 안철수연구소의 즉각적인 대응, 그것도 변명이 아닌 잘못을 시인하고 용서를 비는 CEO 안철수의 행동을 지켜보던 고객들이 안철수연구소를 긍정적으로 평가했던 것이다.

2000년 1월 1일, 밤새 새천년을 기다리는 팡파르에 파묻혀 있던 사람들은 언제 그랬냐는 듯 조용히 일상으로 복귀했다. 안철수연구소의 예상대로 바이러스 대란은 일어나지 않았다.

"그러면 그렇지, 역시 안철수연구소야!"

고객들은 안철수연구소가 그들의 믿음을 저버리지 않은 것에 한 층 더 신뢰를 보냈다.

기회는 곧 위기다, 늘 생각하고 준비하라

안철수의 위기관리 경영은 기회를 위기로 받아들일 때 오히려 더욱 빛을 발했다. 1999년, CIH 바이러스 대란으로 시장이 4배로 커진 것은 분명 안철수연구소에게 기회였지만 안철수는 그것을 위기로 받아들였다.

마케팅 이론에 따르면 20~30퍼센트씩 성장하는 시장에서는 1위와 2위가 바뀌기 힘들다고 한다. 하지만 시장이 급격히 성장하는 경우에는 얘기가 다르다. 당시 우리나라 백신 시장은 바이러스에 대한 경각심 부족과 불법 복제로 IT 산업 규모에 비해 턱없이 작았다. 오히려 바이러스 대란을 계기로 시장이 적정 규모로 성장한 측면도 있었다.

이것은 백신 시장의 폭발적인 성장으로 이전까지의 1등은 아무런 의미도 없게 되었다는 것을 의미한다. 준비되어 있지 않으면 새로운 경쟁자에게 순식간에 1등을 빼앗길 수 있는 긴박한 상황이었다.

그해 안철수연구소의 매출은 5배나 성장했다. 시장 규모가 급속히 커지면 보통 1위 업체의 시장점유율은 떨어지게 마련이지만, 안철수연구소의 외형적 성장은 그칠 줄을 몰랐다. 실제 매출이 일어나는 시점의 매출을 반만 계상하고 나머지는 계약 기간이 끝나는 달에 잡는 보수적 회계 처리를 했어도 매출이 애초 목표 상한이던 60억 원을 뛰어넘어 83억 원에 이르렀다. 물론 일반적인 매출 집계 방식으로 따지면 총매출은 100억 원이 넘었다. 국내 보안 업체로는 최초로 매출액 100억 원을 돌파하는 대기록을 세운 것이다.

CIH 바이러스 대란은 분명 안철수연구소를 비롯한 동종 보안 업계의 시장 규모를 확대하는 계기가 되었다. 그러나 안철수연구소 사람들의 맨 땅에 박치기하는 식의 준비된 노력이 없었다면 확대된 시장을 소화해내지 못했을 것이다.

안철수연구소의 신화는 '넌 뭐야?' 하는 식의 생뚱맞은 표정으로 맞이하는 고객을 상대로 끊임없이 유통 채널을 찾아 나선 영업맨, 정품 소프트웨어를 사용해야 하는 이유를 알리기 위해 지속적으로 커뮤니케이션을 한 홍보맨, 그리고 높던 파티션을 낮추고 공익을 위해 한마음으로 대처해준 개발자의 땀과 노력이 만들어낸 결과이다.

이제 맨 땅이 아니라 불러주는 고객사를 찾아다니기에 바쁜 권영찬은 이렇게 말했다.

"으이그, 궁둥이 좀 붙여봤으면…."

할 일이 없어 걱정하던 김기인은 한 술 더 떠 푸념 아닌 푸념을 했다.

"쉬엄쉬엄요? 제가 완전히 속았죠."

그렇게 1999년이 조용히 저물어 가는가 싶었다.

선택과 집중으로 시장을 장악하라

"마흔하고… 여섯 명이요?"

안철수연구소로 이직하려던 인사전문가 성백민은 잠시 고민에 빠졌다. 직원이 달랑 마흔여섯 명이라면서 무슨 일을 시키려고 인사전문가를 찾는 거지? 사실 인사전문가를 채용하려면 직원이 100명은 넘어야 한다는 것이 기업의 일반적인 관례였다. 하지만 면접을 보는 자리에서 안철수를 마주한 성백민은 그런 생각을 한방에 날려버렸다. 아니, 쇼킹했다고나 할까?

"직원이 100명이 넘는 회사… 함께 만들어가죠."

안철수의 이 말은 그가 가졌던 우려를 단숨에 우주 멀리로 내몰았다. 외부에서 들었던, 뛰어난 가치와 순수한 이념을 가진 회사라는 게 체온으로 느껴졌던 것이다.

입사해서 성백민이 가장 먼저 했던 일은 인력을 확보하는 것이었다. 당시 안철수연구소는 내부적으로 2002년이면 백신 시장이 정점에 이를 것이라는 조심스런 예측을 내놓고 있었다. 이는 곧 미래 시장을 대비하기 위해 제품 개발에 박차를 가해야 한다는 것을 의미했다. 그러자면 당연히 많은 인력이 필요했다. 강력한 경쟁자가 존재하지 않는 상태에서 백신에만 신경 써도 일정 기간 이익이 보장되던 2000년 초에 이미 미래를 대비할 필요성을 절감한 것이다.

그런데 그즈음 급속하게 신규 사원이 대거 충원되면서 기업문화가 흐트러질 조짐이 나타나기 시작했다. 기존의 개발자는 대부분 전공보다 입지적이거나 그 일을 즐기면서 탁월한 성과를 낸 반면, 신규 개발자는 인사 관점에서 그것을 체계화시킬 전문성을 갖춘 인물들이었다. 그러다 보니 현업 부서와의 마찰을 피할 수가 없었다. 설령 현업 부서와의 마찰 없이 채용되었을지라도 모든 노하우를 갖고 있는 기존 개발자와의 크고 작은 갈등이 끊이지 않았다.

서로 다른 환경에서 일해 온 신구 세력의 불협화음은 소소한 문제를 야기했고, 2000년 중반부터는 핵심 가치와 비전 만들기라는 또 다른 고민을 안겨주는 계기가 되었다.

다른 한편으로 회사가 어느 정도 가시적인 성과를 거둔 만큼 결과와 실적에 근거한 공정한 분배도 화두로 떠올랐다. 일부 직원 사이에서는 우리사주 문제를 둘러싼 논의가 대두되기도 했다. 직원 간의 불협화음이든 분배 문제든 이것이 전해주는 분명한 메시지는 '변화해야 한다'는 것이었다.

결국 안철수연구소는 2000년 6월 '통합 보안 기업'이라는 슬로건을 내걸고 본격적인 변화를 향해 첫발을 내딛었다. 먼저 새로운 포지셔닝을 위해 CI 작업에 들어갔는데, 이때 가장 큰 논란거리는 '안철수컴퓨터바이러스연구소=안철수'의 고정화된 이미지였다. 이것은 안철수연구소가 통합 보안 기업으로 포지셔닝하는 데 가장 큰 장해물이었다.

이 고리를 어떻게 풀어야 할까? 고민 끝에 회사 이름을 바꾸는 문제가 대두되었고, CI 전문업체에 의뢰해 몇 가지 안을 제시받았다. 그런데 내부 모니터 결과 직원들은 어떠한 안도 마음에 들어 하지 않았다. 직원들은 안철수라는 이름에 강한 애착을 보였고, 대다수가 안철수의 이름이 들어가기를 바랐다.

결국 컴퓨터바이러스만 뺀 채 안철수연구소로 줄이는 선에서 마무리되었다. 새로운 로고도 만들었고 더불어 바뀐 CI를 알리는 광고 포스터가 제작되었다. 이때 임팩트가 필요하다고 생각한 광고 제작팀은 안철수에게 파격적인 변신을 제안했다. 그 결과 여러 가지 색으로 염색한 삐죽삐죽 머리의 안철수 얼굴이 포스터에 등장했다. 회사의 변화 의지를 보여주기 위한 일이라는 생각에 안철수는 애써 어색함을 떨쳐냈다.

형형색색의 힙합 머리를 한 안철수의 염색 머리가 여기저기 노출되자 "역시 벤처 CEO답다", "멋지다", "이제부터 형이라고 부르겠다"는 등 장난기 담긴 고객의 이메일이 속속 날아들었다. 누구보다 놀라움을 표시한 사람은 직원들이었다. 직접 광고안을 들고 사장실로 들어갔던 황미경조차 어리둥절했다고 고백했다.

"여러 개의 안 중에서 그것이 가장 시선을 끌긴 했어도 CEO가 그것을 선뜻 수락할 거라고는 생각하지 않았어요. 그런데 의외로 순순히 실무자의 의견을 따르겠다고 하셔서 적잖이 놀랐죠."

늘 단정한 범생이의 이미지로만 남아 있던 CEO 안철수가 그야말로 파격적인 모습을 선보였던 것이다. 물론 CI가 바뀐다고 해서 회사나 구성원 전체가 일시에 바뀌는 것은 아니다. 그래도 직원들은 그 시점을 계기로 변화해야 하고, 그 변화의 주체는 구성원 각자라는 사실을 인식하기 시작했다. 무엇보다 CEO가 먼저 변화하겠다는 결연한 의지가 담긴 광고 포스터는 내부를 향해 던진 강한 메시지였다.

핵심역량을 기반으로 연합하라

안철수연구소가 통합 보안 기업과 글로벌 기업으로의 변신을 구상한 것은 1997년 M사의 인수 제안을 받았을 때부터였다. 당시 외국 백신 회사들이 이미 보안 쪽으로 사업 영역을 확대해가고 있음을 알게 되었고, 안철수연구소 역시 살길은 보안뿐이라는 생각에 세밀히 준비를 해왔다.

그러다가 1998년 PC 보안 제품인 앤디의 개발을 시작으로 1999년 보안관제회사 안랩코코넛을 세우면서 수평적 네트워크 모델에 기반을 둔 통합 보안 기업의 그림을 그려갔다.

안철수연구소가 그리는 통합 보안 기업의 모습은 다소 특이했다. 통합이라고 하면 흔히 한 회사가 모든 솔루션을 갖추고 고객의 수요에 맞춰 그때그때 제공하는 모습을 떠올리게 된다. 간단히 말해 한 회사 안에 수직적으로 모든 솔루션을 구비한 형태이다.

하지만 안철수연구소에서는 중심에서 핵심 기술을 제공하고 그 핵심 기술을 이용해 각자의 전문 영역에서 응용 제품을 만드는 구조를 기획했다. 물론 여기에는 부가서비스를 덧붙여 판매하는 전략적 파트너 회사가 존재해야 한다. 결국 나 홀로 통합이 아니라 수평적 네트워크를 통해 비로소 완성될 수 있는 통합인 것이다. 안철수연구소는 1999년부터 이러한 수평적 네트워크를 구축하기 시작했고 이 네트워크의 예가 코코넛, 아델리눅스, IA시큐리티 등이었다.

이들이 네트워크를 구축하는 방식은 매우 독특했다. 일단 안철수연구소가 네트워크 기업의 지분을 일정 부분 보유했다. 그와 동시에 위험을 분산시키기 위해 가능한 한 합작 형태를 취했다.

물론 네트워크를 조율하고 이끄는 것은 안철수연구소이다. 안철수연구소의 중요한 비즈니스 영역인 통합 보안 모델은 이러한 네트워크 속에서 이루어지고 있다.

작은 위기에도 쓰러지기 쉬운 벤처기업이 생존하려면 무리하게 자원을 투입해 몸집을 키우는 것보다 핵심 역량을 모아 벤처기업끼리 협력하는 것이 유리하다. 이를 알고 있던 안철수연구소는 기업의 위상을 자신들의 강점인 백신과 핵심 기반 기술을 제공하는 보안 솔루션을 개발하는 것에 두었다.

안철수연구소가 핵심 엔진 역할을 하려면 최종 고객을 직접 상대하던 것에서 벗어나 선택과 집중을 통해 각 보안 회사와의 관계를 조율해야 했다. 또한 이러한 사업 모델을 제대로 구축하기 위해서는 영업 능력, 마케팅 기획 능력, 시장 조사 능력 등 많은 능력이 필요했다. 어쨌든 수평적 네트워크 시스템은 당시 안철수연구소가 회사들을 리드하면서 시장을 장악하기 위한 최선의 선택이었다.

한편, 안철수연구소가 제공하고자 하는 핵심 엔진은 백신과 네트워크 보안, PKI 암호화 기술 분야였다. 이러한 엔진 판매 형태는 바람직한 비즈니스 모델이지만, 많은 위험 요소가 내재되어 있었다. 국내 시장이 좁아 매출을 늘려가는 데 한계가 있었던 것이다. 이에 대한 대비책으로 안철수연구소는 자체 보안 솔루션을 준비해 시장을 선도할 토털 솔루션 완제품을 적절한 시기에 선보이고자 했다. 더불어 백신 V3와 PC보안 소프트웨어 앤디를 개인용 통합 보안 솔루션으로 합친 제품을 개발해 판매한다는 전략도 세웠다.

당시 수평적 네트워크 사업 모델은 첨단을 걷는 IT 업계에서도 새로운 시도였다. 아쉽게도 그 모델은 성공적으로 안착하지 못했지만, 이는 동종업계간의 상생을 위한 용기 있는 도전이었다.

개인의 신념이 모여
기업의 가치로

"으이그, 꽝이야. 폭탄이라고!"

"햐, 이거 미치지, 미쳐!"

회의를 하던 박준식은 한껏 높아진 직원들의 목소리에 한동안 말을 잇지 못했다. 뭔가 잘못돼도 한참 잘못되어 있었다. 한마디로 불신의 골이 너무 깊었다. 그 대상이 회사든 상사든 동료든 직원들의 핏대 선 말은 분명 불신의 표현이었다.

그렇게 불신에서 비롯된 말들은 엉뚱하게도 커뮤니케이션의 차단을 불러왔다. 그때부터 사람들의 머릿속 말과 실제 말은 폭풍 속의 돛단배처럼 심하게 요동을 쳤다. 더러 심중의 말을 끄집어내는 것 같기도 했지만 용어나 표현에서 시작과 끝에 일관성이 떨어졌다.

'벌집이 따로 없군.'

박준식은 이 상태를 더 이상 내버려두어서는 안 되겠다 싶었다. 부서별이 아닌 직원들이 공동으로 추구할 그 무언가가 필요했다. 팀워크에 갑자기 뜨거운 열을 받은 도자기처럼 쩍쩍 틈이 생기자 코끼리 다리에 짓눌린 것처럼 무거운 압박감이 느껴졌다.

'이 노릇을 어쩐다?'

머리를 식히려고 습관처럼 책을 찾던 그는 김기인의 책꽂이에서 《성공하는 기업들의 8가지 습관》을 빼들었다. 그가 막 차례를 훑어 내려갔을 때, 뒤통수에서 화살이 날아와 마음속으로 파고들었다.

"그거… 요즘, 사장님도 읽고 계시던데…."

'그래, 나만 느끼고 있던 문제가 아니었어.'

그는 단숨에 책의 내용을 살펴보았다. 특히 그의 마음과 눈길을 사로잡은 내용은 존슨앤존슨의 타이레놀 사건을 이야기하는 부분이었다. 미국에서 누군가가 존슨앤존슨 제품인 타이레놀에 독극물을 넣는 사태가 발생했다. 회사는 즉각 비상회의를 소집했고, 5분 만에 미국 전역에 배포된 타이레놀을 전량 수거한다는 결정을 내렸다. 이 사건으로 존슨앤존슨이 입은 손실은 1억 달러에 달했다. 그러나 그 일을 계기로 존슨앤존슨은 미국 소비자들로부터 무한한 신뢰를 받게 되었다.

사실 그것은 오래된 이야기라 그리 새삼스러울 것이 없었다. 그런데 이상하게도 그날 박준식은 그 내용에 온통 마음과 눈길을 빼앗기고 있었다. 무얼까? 왜 갑자기 이 이야기가 내 마음을 사로잡는 것일까? 상념의 바다를 떠돌던 그는 문득 그 이야기에 단순히 마케팅 전략으로만 이해했던 그의 상식을 송두리째 빼앗는 내용이 담겨 있음을 깨달았다. 아, 존슨앤존슨이 엄청난 손실을 마다않고 취한 행동은 단순한 마케팅 전략이 아니었다. 여기에는 고객을 먼저 생각하는 기업의 핵심 가치가 자리 잡고 있었다.

이후 박준식은 안철수와 대화할 기회가 있을 때마다 핵심 가치의 필요성을 이야기하며 생각을 공유했고, 같은 고민을 하고 있던 안철수는 '한번 해볼까?'라는 의지를 내비쳤다. 그렇게 해서 박준식은 결국 핵심 가치 프로젝트의 총책임을 맡게 되었다.

이 프로젝트를 성공적으로 수행하기 위해서는 우선 직원들과 공감대를 형성해야만 했다. 나아가 직원들이 어떤 가치를 추구하고 있는지 파악하는 것도 중요했다.

일단 박준식은 전 직원에게 핵심 가치가 무엇인지 알려주고 《성공하는 기업들의 8가지 습관》을 나눠준 뒤, 관리자와 일반 직원용으로 만들어진 설문지에 각자 생각하는 바를 정리하도록 했다. 이때 안철수연구소의 핵심 가치를 적게 했는데, 그렇게 해서 모인 것이 정직과 성실이었다. 하지만 그것은 창업자 안철수가 평소에 강조하던 개인의 신념으로, 개인과 조직의 핵심 가치가 같을 수는 없으니 다시 정리했으면 좋겠다는 생각을 전달했다.

상황이 이렇게 전개되면서 계획에도 없던 워크숍을 열게 되었다. 그렇다고 멀리 가진 못하고 양재동 교육문화회관 세미나실을 여러 개 잡아 진행했다. 이 워크숍에서는 여러 부서가 섞이도록 소그룹으로 나눠 스스로 토의하도록 했는데, 그 토의는 이틀이나 지속되었다. 그 결과를 토대로 정리한 것이 바로 안철수연구소의 핵심 가치와 비전이다.

- 우리 모두는 자신의 발전을 위해 끊임없이 노력한다.
- 우리는 존중과 신뢰로 서로와 회사 발전을 위해 노력한다.
- 우리는 고객의 소리에 귀 기울이고 고객과의 약속은 반드시 지킨다.

핵심 가치가 공개되었을 때 직원들의 반응은 조금씩 달랐다.

"그다지 생소하지 않았어요."

"우리가 일상 업무 속에서 늘 염두에 두고 있던 것을 정리했다는 느낌이 들었어요. 다만 그것을 명문화해서 발표하는 절차를 거치니 전보다 그 지침에 대한 중요성이 강해진 것 같아요."

"회사의 핵심 가치나 비전을 접한 경험이 없어서인지 많이 낯설었어요. 비장감이 들만큼."

그런가 하면 핵심 가치와 비전에 시큰둥하다가 자신이 속한 부서에서 그것이 제대로 공유되고 있는지, 혹은 스스로 핵심 가치를 실현하고 있는지 고민하면서 점점 체화된 직원도 있었다.

결국 안철수연구소의 핵심 가치와 비전에 대한 정의는 기업 구성원과 그들을 토대로 만들어진 기업에 영혼을 불어넣는 아름다운 도전의 신호탄이었다.

세상에서 가장 진실한 사랑 고백

"여러분, 사랑합니다."

2000년 10월 13일, 안철수연구소의 전 직원이 모인 자리에서 안철수는 전혀 예상치 못했던 말을 슬그머니 꺼내들었다. 순간, 사람들은 그 뜻밖의 말에 잠시 할 말을 잊었다. 더러는 잘못 들은 것이 아닌가 해서 주위를 두리번거리기도 했다.

그 무렵 삼성동 삼화빌딩에 위치했던 안철수연구소는 100여 명을 수용할 만한 공간이 없어 전 직원이 함께 모일 때마다 근처 다른 회사의 대회의실을 빌려 쓰곤 했다. 공교롭게도 13일의 금요일이던 그날도 부근의 대회의실을 빌렸다.

식순이 이어졌고 마지막으로 단상에 선 안철수가 말문을 열었다. 그는 "지난 5년간의 일이 파노라마처럼 스쳐 감회가 새롭습니다"라는 말을 시작으로 회사의 핵심 가치와 존재 이유, 그리고 더불어 살아가는 이유에 대해 이야기했다. 그러다가 나지막하게 사람들이 어리둥절해 할 만한 폭탄선언을 했다.

"저에게는 그 어떤 것보다 여러분이 가장 소중합니다. 그래서 제가 가진 주식을 여러분에게 무상으로 나눠주기로 했습니다."

이보다 더한 사랑 표현이 어디 있던가? 그의 목소리는 평상시와 달리 다소 떨렸다. 간혹 침묵이 흐르기도 했다. 첫사랑 소녀에게 수줍게 자신의 진심을 털어 놓는 소년처럼 그는 그렇게 직원들에게 진한 사랑을 고백했다. 떨리는 듯한 목소리와 침묵이 무슨 뜻인지 모르고 있던 직원들은 누가 먼저랄 것도 없이 차츰 숙연해졌다.

"떨리던 목소리, 쑥스러워 어쩔 줄 몰라 하던 그 모습이 지금도 생생해요. 자신이 가진 것을 공짜로 직원들에게 주면서도 생색을 내거나 큰일 하듯 선언하는 게 아니라 속삭이듯 나지막이 말하는 모습은 감동적이었어요. 그 일은 제 자신을 되돌아보게 했습니다. 반성이 되었고 회사에 대한 역사의식이 새롭게 생기는 계기가 되었습니다."

당시 자리에 참석했던 직원들은 한결같은 마음으로 그때를 회상했다. 그 이후에 입사해 주식 무상 분배의 혜택을 받지 못했건만 전해들은 얘기만으로도 김인호의 표정에는 자신이 다니는 회사의 CEO로부터 사랑을 고백 받은 사람이 있으면 나와 보라는 듯 우쭐함이 역력했다. 하긴 김인호에게는 그 자리에 있었던 것만큼이나 가슴 벅찬 사연이 있었다.

입사한 지 얼마 되지 않았을 무렵, 회식이 있어 늦게 귀가하던 김인호는 지하철에 몸을 실었다. 자리에 앉는 순간 그는 술기운에 깜빡 잠이 들었다. 그런데 갑자기 어디선가 정신이 번쩍 들게 하는 외침이 들려왔다.

"야, 저 사람 안철수 회사 다니나봐. 왜, 그 머리 큰 천재 안철수!"

"그러게. 좋겠다!"

정신을 차린 김인호는 살짝 실눈을 뜨고 주위를 살폈다. 그런데 자신은 널브러져 있다는 표현이 딱 어울릴 만큼 퍼질러 있고, 그 앞에는 대학생으로 보이는 여학생 둘이 자신을 삼켜버릴 듯 내려다보고 있는 것이 아닌가. 비상사태였다. 얼굴이 화끈거렸다. 그대로 있을 수도 없고, 그렇다고 두 눈 번쩍 뜨고 아는 체를 할 수도 없고….
고민하던 김인호는 몸을 뒤척여 돌아서는 것으로 두 학생의 눈길을
벗어나려 했다.

그때였다. 몸을 뒤척이는 그의 눈앞에서 달랑달랑 춤을 추는 것
이 있었다. 사원증이다. 아, 이 녀석이 범인이구나. 학생들은 그의
목에서 춤추고 있던 안철수연구소 사원증을 보고 술에 취해 널브러
져 있는 사람마저도 고운 시선으로 바라보았던 것이다. 그는 두 학
생이 내릴 때까지 절대 눈을 뜨지 않았지만 속으로는 내내 룰루랄
라를 흥얼거렸다.

그날 이후 그는 '내 사전에 몸에서 사원증을 빼내는 일은 절대 없
을 것이다'라고 단단히 결심했다. 그는 그 말을 지독하게 지켰다.
퇴근 후는 물론 심지어 잠을 잘 때도 사원증을 착용했다. 보다 못한
동료들이 제발 사원증을 두고 다니라고 말하면 가당찮은 듯 코웃음
을 흘렸다. 그러고는 늘 사원증을 착용하는 이유를 그럴 듯하게 읊
어주었다.

"안철수연구소에서 근무하는 게 자랑스럽고 무엇보다 회사를 사
랑하기 때문입니다."

그는 당시 술에 취해 볼썽사납게 널브러져 있던 자신에게 단지
안철수연구소에 다닌다는 이유만으로 엄청난 호감을 보이던 그 여
학생들의 표정을 잊을 수가 없다. 술 취한 자신을 보고 얼마든지 부
정적인 말을 했을 법도 했건만 그들의 말에는 무한한 신뢰가 넘쳐
흘렀던 것이다.

그것은 안철수연구소가 표방하는 윤리경영과 투명경영 기업관에 대한 신뢰이기도 했다. 단기간의 수익을 위해 수단과 방법을 가리지 않고 상도를 무시하는 기업과 차별화되는 안철수연구소의 기업 윤리에 대한 믿음 말이다. 나아가 그것은 영혼을 간직한 기업에 대한 신뢰였다.

안철수가 2000년 10월 13일에 발표한 결정은 크게 두 가지로 요약할 수 있다. 첫째는 안철수연구소를 영혼이 있는 기업의 아름다운 도전으로 바라보는 세상의 이목에 신선한 충격을 던져주었다는 점이다. 둘째는 가시적인 성과를 거둔 것에 대한 보상 차원인 동시에 조직 확대에 따른 핵심 가치 공유를 당부하는 안철수식 직원 사랑이다.

그의 직원 사랑은 코스닥 상장 때도 드러났다.

2000년 하반기, IT 기업들이 코스닥 시장에서 상한가를 치며 벤처 거품이 부글부글 끓기 시작했다. 안철수연구소는 그보다 한 해 전인 1999년 결산에서 이미 70억 원의 당기순이익을 내고 있었다. 당시에는 벤처기업 가운데 순이익을 내는 회사가 없었기 때문에 벤처 붐이 일던 2000년에 코스닥에 등록했다면 아마 수천 억 원의 펀딩도 가능했을 것이다.

하지만 안철수는 봇물처럼 밀려드는 투자 제안을 모두 거절했고 기업 공개도 하지 않았다. 벤처 붐이 오래 가지 못할 것으로 판단해서였다.

"당장은 좋을지 모르지만 장기적으로는 실익이 없다고 생각했습니다. 코스닥 거품이 빠지고 나면 투자자들이 손해를 보고 우리사주를 받은 직원도 큰 빚을 떠안을 게 불을 보듯 뻔했거든요. 벤처 붐이 가라앉아야 되지 않겠습니까?"

결국 안철수연구소는 벤처 거품이 사그라진 뒤에야 코스닥 시장의 문을 두드렸다.

THE SAFEST NAME IN THE WORLD

04

꺼지지 않는 불빛, 벤처 25시

믿음은
배반하지 않는다

2001년 9월 13일, 안철수연구소 대회의실.

차분한 분위기 속에서 안철수와 직원들이 모여 코스닥 등록의 의미와 앞으로의 과제 등에 관한 이야기를 나누고 있었다. 원래 며칠 전부터 기업 공개를 하는 뜻 깊은 날을 자축하는 성대한 이벤트를 준비했지만 공교롭게도 안철수연구소가 상장하기 하루 전날 미국에서 9 · 11 테러가 발생해 행사를 대폭 축소하게 되었다. 숙연한 분위기 속에서 상장 후의 회사 모습을 그려보는 대화가 오갔다. 크게는 세계 경제와 나라 경제, 작게는 회사 주가에 미칠 악영향을 걱정하는 목소리도 조심스럽게 흘러나왔다.

그러나 싸늘하게 식은 주식 시장과 달리 안철수연구소의 첫날 주가는 예상대로 상한가로 출발했다. 9월 13일, 코스닥 시장에서 첫

거래를 시작한 안철수연구소는 공모가보다 100퍼센트 오른 4만 6,000원으로 거래를 마쳤다. 거래량은 270주에 상한가 매수 잔량만 483만 주였다.

9·11 테러도 비껴갈 만큼 새롭게 떠오른 황제주의 위용은 대단했다. 아이러니하게도 전대미문의 사태는 오히려 코스닥 입성을 돋보이게 만든 장치가 됐다. 반면 '안철수 효과'에 힘입어 동반 상승을 기대했던 다른 보안 회사의 주식은 대부분 테러 사태로 주가가 곤두박질치고 말았다. 코스닥 시장은 연일 폭락세를 보였고 지수가 46선까지 밀려났다. 물론 안철수연구소는 예외였다. 등록 이후 주가가 6일 연속 상한가를 기록했고, 8만 800원까지 급등하더니 단숨에 시가총액 7위에 올랐다.

이런 거침없는 상승세는 상장 9일째인 9월 25일에야 꺾였다. 이날 주가는 2,000원 오른 7만 4,600원으로 출발했다가 코스닥지수가 약세로 반전되고 매물이 지속적으로 쏟아지면서 오후 2시 40분께 하한가로 추락했다. 결국 전날보다 8,700원(11.98퍼센트) 내린 6만 3,900원으로 장을 마감했다. 한편에서는 15만 원대까지 오르리라고 내다보기도 했지만 장중 최고가는 상장 후 7일째인 9월 21일의 8만 2,700원이었다.

시장을 움직이는 것은 믿음과 신뢰다

내심 더 오르기를 기대하는 사람도 적지 않았으나 안철수를 비롯한 대다수의 직원은 주가가 꺾이자 오히려 다행이라는 표정이었다. 벤처 거품을 끊임없이 지적하고 경계해온 목소리의 진원지 가운데 하나가 안철수연구소였던 것이다.

상장 직후 우리사주 분배는 근속 연수 40퍼센트, 직급 30퍼센트, 기여도 30퍼센트를 기준으로 했다. 물론 어느 회사나 근속 연수를 중요한 분배 기준으로 삼고 있지만 그 비중을 여러 요소 중 으뜸으로 정한 것은 매우 이례적이었다.

당시를 떠올리는 황규범의 눈길에서는 깊은 신뢰가 배어나왔다.

"창업 초기의 어려움을 이겨내고자 힘들게 노력해 회사 성장의 밑거름이 된 직원들을 많이 배려해주셨어요. 얼핏 당연해보일 수도 있지만 실제로 실행하는 게 쉽지만은 않았을 겁니다."

천재지변이나 다름없는 악재 속에서도 안철수연구소의 코스닥 상장이 이렇게 성공적이었던 배경에는 여러 가지 기대심리가 깔려 있다. 한동안 투자자들을 코스닥으로 이끌 만한 회사가 등장하지 않았다는 것도 한 원인이었다. 보안 산업이 새로운 유망 분야로 떠오른 지 꽤 됐음에도 그 무렵까지 코스닥에 변변한 보안 회사가 올라오지 않았던 것이다. 이런 상황에서 매출액이나 기술력으로 볼 때 명실상부한 대표 보안 회사인 안철수연구소가 코스닥에 입성한다는 것은 투자자들의 가슴을 설레게 할 만한 일이었다.

사실 '안철수'라는 이름값 자체도 무시할 수 없는 요소였다. 정직과 신뢰를 최고 원칙으로 삼는 기업인이라는 이미지는 공모주 청약 붐을 더욱 부추겼다. 이러한 최고경영자가 이끄는 기업이 상반기

실적에서 매출액 121억 원, 순이익 51억 원의 성과를 거뒀으니 한 번 기대를 가져볼 만했다. 그 전 해에 숱한 벤처기업이 희망을 흩뿌리며 산화해갔지만, 설마 이런 기업까지 그토록 허망하게 무너지겠느냐는 믿음이 많은 사람의 마음과 돈을 움직였던 것이다.

고객만족센터는
인재사관학교

고 객 만 족 센 터 를 만 족 시 켜 라

컴맹 수준의 황당한 고객으로부터 보안 고수에 이르기까지 다양한 고객을 맞이하는 첨병 역할을 하는 곳이 바로 고객만족센터이다. 안철수연구소의 고객만족센터에서는 매일 수십 명의 직원이 전화와 이메일로 기업, 개인, 잠재고객 등을 대상으로 상담을 하고 있다.

본래 4~5명이 일하는 소규모 부서였던 고객만족센터는 1999년 CIH 바이러스 대란을 계기로 보안 수요가 급증하면서 규모가 커졌고, 전문성도 강화되었다.

사무실을 옮길 때마다 로열석은 당연하다는 듯 고객만족센터의 차지가 되었다. 고객만족센터를 챙기는 것이 곧 고객을 배려하는 일이라는 뜻에서였다. 고객과 맞상대를 하는 직원이 만족스러워야 고객만족도도 덩달아 오를 것이 아닌가. 여직원 비율이 높은 점을 고려해 여직원 휴게실을 고객만족센터 바로 옆에 배치한 것도 같은 맥락이다.

현재 여의도 사무실의 경우 사장실과 같은 방향인 창가에 고객만족센터가 있는데 햇빛과 소음 탓에 지나친(?) 배려였다는 우스갯소리도 나오고 있다.

어쨌든 고객만족도를 높이려는 노력은 곳곳에서 은근히 드러나고 있다. 특히 2002년부터는 이메일 만족도 조사를, 2003년부터는 두 달마다 전화 만족도 조사를 실시하고 있다.

2003년 6월에 고객만족센터 주관으로 마련한 역할 연극도 고객 중심의 회사로 나아가기 위한 노력의 하나였다. 역할 연극은 고객만족센터 직원뿐 아니라 전 직원이 고객의 목소리를 더욱 생생하게 경험하도록 하기 위해 만든 이벤트이다. 제품 기획에서부터 개발까지 개발자가 아닌 고객 중심 마인드로 참여해야 제대로 된 제품이 나온다는 발상에서였다.

사실, 그 이전까지는 고객만족센터 상담원끼리 두 달에 한 번씩 조를 나눠 고객의 불편사항이나 회사 정책과 고객의 요구가 충돌하는 부분 등에 대해 발표 및 토론하는 정도로 그쳤다. 전 직원이 공유하는 자리를 마련한 적은 거의 없었다.

하지만 2003년 6월 말, 고객만족센터 직원들은 전 직원 월례회에 올릴 20분짜리 역할극 공연을 위해 한 달이나 연습을 했다. 이들은 시나리오 창작에서부터 감독, 배우 등 스태프를 모두 맡아 열연하는 열정을 보여주었다. 연극을 지켜본 다른 부서 직원들의 입장에서는 고객의 불만이나 요구사항이 무엇인지, 상담원들이 현장에서 고객과 부딪히며 겪는 고충은 어떤 것인지 등을 실감하는 좋은 기회였다.

고객과의 간극을 좁히려는 안철수연구소의 다양한 노력은 엉뚱하게도 여러 가지 해프닝을 일으키기도 했다. 심지어 사람들이 안철수연구소를 공공기관쯤으로 여기는 바람에 직원들이 당혹스러워했던 적도 있다. 사실 공익과 회사의 이익을 조화시키는 문제는 안철수연구소의 고민거리였다. 예를 들면 무료 서비스에까지 최선을 다하다 보니 오히려 제품을 구입한 고객이 상담 등에서 역차별을 받는 일도 생겼다. 제품을 사지 않은 고객의 질문에도 일일이 응대하느라 정작 제품을 구매한 고객이 상담을 받지 못하거나 무한정 밀리는 경우가 종종 발생했던 것이다.

이런 허점을 보완하기 위해 2000년부터 기업고객용 핫라인을 개설했다. 또한 2003년 8월부터는 제품 구매 고객의 경우 전화 성공률이 80퍼센트 이상 유지되도록 조율하고 있으며, 2004년 12월에는 전화번호를 비등록 고객과 분리했다.

한편 해외 사업이 활기를 띠면서 세계 각 나라의 고객을 어떻게 대해야 하느냐도 풀어야 할 숙제이다. 아직까지는 언어 문제 등으로 인해 이메일 지원만 하고 있다. 그러나 해외 사업 비중이 갈수록 커지면서 시큐리티대응센터와 더불어 지원체제를 어떻게 구축할지 고민하고 있다.

그동안 안철수연구소는 고객만족센터의 효율성을 높이기 위해 다양한 시도를 해왔다. 그중 하나가 월간 상담 기능 등을 아웃소싱하는 것이었다. 실제로 안철수연구소는 1999년 말부터 7개월간 상담 기능을 외부 기관에 맡겼다. 하지만 일반 상담과 달리 보안 및 컴퓨터 분야의 전문지식이 필요했던 까닭에 아웃소싱 전략은 실패로 끝나고 말았다. 무엇보다 큰 문제로 대두된 것은 주인의식 결여였다.

지금도 고객만족센터에서 일할 사람을 뽑는 일은 매우 어려운 일 중 하나이다. 일단 선발을 하고 나면 멘터가 따라붙어 3개월간 수습 과정을 거치는데 이 기간에 30퍼센트 이상이 중도 탈락한다. 전문지식에다 고객지향 마인드까지 갖추는 것이 결코 쉽지 않기 때문이다. 그래서 그런지 고객만족센터는 회사에서 인재사관학교로 불린다.

실제로 고객만족센터 출신으로 영업, 시큐리티대응센터 등 고객과의 접촉이 많은 분야에서 맹활약하는 직원이 여러 명 있다. 국민기업이란 이미지 때문에 다양한 계층의 고객과 상담해본 경험이 쌓여 인재 중의 인재가 된 것은 아닐까?

코드레드 웜의 악몽

"안철수 나오라고 그래. 안철수 어딨어?"

2001년 7월, 안철수연구소의 고객만족센터는 또 다시 심한 홍역을 앓았다. 파일 형태로 존재하던 기존의 바이러스 상식을 완전히 무너뜨리고 메모리나 네트워크로 전파되는 코드레드 웜이 출현했던 것이다. 당연히 파일로 진단하는 백신으로는 이 웜을 막을 수 없었다. 안철수연구소뿐 아니라 당시 대다수 안티바이러스 업체는 코드레드 웜을 진단하는 것이 불가능했다.

바이러스 하면 자연스럽게 안철수연구소를 떠올리던 고객들은 안철수연구소의 백신으로도 코드레드 웜의 진단이 어려워지자 득달같이 항의 전화를 쏟아 부었다. 진땀이 나는 순간이었다. 안철수연구소가 웜에 대한 엔진을 내보내기까지 고객만족센터의 직원들이 겪었던 어려움은 이루 말할 수 없었다. 바이러스 대응에 대한 시스템이 갖춰지지 않았을 때부터 고객 업무를 담당했던 진윤정은 그때를 떠올리며 고개를 흔들었다.

"다른 회사 제품은 진단하는데 왜 당신네 제품은 진단하지 못하느냐, 이젠 배가 불렀냐는 등 별의별 항의를 다 받았어요. 그래도 개발자가 엔진을 내보내고 고객으로부터 고맙다는 전화 한 통 받으면 그 전쟁 같던 시간들을 깡그리 잊어버리죠."

느닷없이 당하긴 했지만 코드레드 웜의 출현은 결과적으로 파일 기반의 악성코드와 네트워크 기반의 악성코드의 경계를 허무는 계기가 되었다.

태생적으로 안정을 싫어하고 끊임없이 모험을 즐기는 사람에게 컴퓨터 백신의 세계는 그야말로 천국이다. 바이러스가 때와 장소를 가리지 않고 출몰하기 때문이다. 같은 해 9월, 코드레드 웜의 배턴을 이어받았는지 님다 바이러스가 출현하면서 시장은 또 다시 요동을 쳤다. 이것은 코드레드 웜과는 전혀 다른 형태의 악성코드였다.

처음에 안철수연구소는 님다 바이러스를 웜으로 진단하고 파일에 붙어 있는 바이러스를 삭제하도록 했다. 그러자 이상하게도 엉뚱한 파일이 삭제되었다. 알고 보니 님다는 웜에다 바이러스를 더한 형태의 악성코드였다. 비상사태임을 직감한 직원들은 밤낮 없는 전쟁에 돌입했다. 인간으로서 생물학적 삶을 유지하기 위한 것을 제외한 모든 것을 내려놓고 초긴급 대응에 들어갔다. 이 녀석은 유난히 지독했다. 엔진을 내보내면 또 다시 새로운 증상을 계속해서 만들어냈다. 입안이 타들어가고 피마저 말라버릴 듯한 싸움이 일주일간 지속된 후에야 녀석은 겨우 잠잠해졌다.

당시의 전쟁터를 회상하며 진윤정은 이제 그런 것에는 이골이 났다는 듯한 표정을 지었다.

"이미 피해가 발생하고 있는 상황이어서 고객에게 욕먹을 각오는 하고 있었어요. 중요한 것은 최선을 다해 피해를 줄여야 한다는 데 있었죠. 하지만 바이러스를 분석하고 엔진을 내보내는 건 개발자와 분석자의 소스에 의한 것이기 때문에 우리는 고객뿐 아니라 곳곳의 부서와 원활한 커뮤니케이션을 해야 합니다. 그러니 우리가 담당한 업무는 가히 멀티플레이어 수준이라고 할 수 있죠."

일단 바이러스가 출현해 어떤 피해를 입으면 고객들은 흥분해서 언성을 높인다. 하긴 컴퓨터 없이 생활하기가 불편할 정도로 컴퓨터를 애지중지하는 사람이 많다 보니 그것은 당연한 일인지도 모른다. 덕분에 안철수연구소의 직원들은 일선에서 전쟁을 치르며 차곡

"그 회사 댕겨도 밥은 묵고 살겄냐?"

당연히 박근우는 포부도 당당하게 아주 잘 먹고 산다고 대답했다. 하지만 아버지가 그 말을 어떻게 받아들였을지는 알 수 없었다. 그러던 어느 날 아버지가 또 다시 전화를 걸어왔다. 아주 밝은 목소리였다.

"대통령 옆에 앉은 사람이 느그 회사 사장이라며? 밥은 묵고 살것더만. 회사 열심히 댕겨라!"

텔레비전에서 노무현 대통령 취임식에 '국민대표 8인' 중 한 명으로 함께 입장한 안철수를 보고는 안심이 되셨던 것이다. 박근우의 아버지가 자식의 밥그릇에 나름대로 신경을 쓰셨던 데는 이유가 있었다. 무엇보다 당시 벤처기업의 상황이 전반적으로 좋지 못했다. 부풀어 오른 풍선처럼 빵빵하던 벤처업계가 마치 바늘 세례라도 받은 듯 여기저기서 쉭쉭 바람 빠지는 소리를 내는 바람에 안팎이 어수선했다.

설상가상으로 안철수연구소는 CEO가 출근하지 못하고 있었다. 간염으로 6개월 넘게 재택근무를 하고 있었던 것이다. 이런 얘기가 밖으로 흘러나가면서 "그러면 그렇지. 안철수라고 예외겠어? 이참에 경영에서 손떼겠네!" 하는 말들이 나돌았다.

안철수연구소로서는 악재가 겹친 위험한 형국이었다. 그때, 입사한 지 얼마 되지 않았던 박근우는 부사장이던 김철수로부터 난데없는 특명을 받았다.

"AVAR 국제 컨퍼런스, 박 팀장이 맡아줘야겠어."

얼떨결에 그러겠다고 대답을 하긴 했지만 한편으로 불안감이 엄습해왔다. 안철수연구소가 그처럼 큰 국제 행사를 치르는 것은 처음 있는 일이었다. 더욱이 안철수의 개인 인지도가 높은 편이긴 해도 2002년까지 국제 보안 커뮤니티에서 안철수연구소는 거의 무명이나 다름없었다. 그런 상황에서 한국의 작은 보안 기업이 서구 중심의 국제 커뮤니티에서 활동하기란 여간 어려운 일이 아니었다.

AVAR Association of anti-Virus Asia Researchers(아시아 안티바이러스협회)은 아시아태평양 국가들이 돌아가며 그 나라의 대표 기업이 준비하는 국제적인 행사이다. 2001년에는 홍콩에서 행사가 열렸고 2002년에는 서울에서 열리게 되었는데, 그 준비를 안철수연구소가 맡게 된 것이다. 문제는 1년을 투자해도 모자란 행사 준비 기간이 채 6개월도 남지 않았다는 데 있었다. 그런 행사를 준비해본 경험자가 없다는 것도 큰 불안 요인이었다.

처음이면 어때, 해내면 되지

말 그대로 하얀 백지 상태였다. 그렇다고 손놓고 있을 수는 없었다. 박근우는 황미경과 함께 차근차근 준비하기 시작했다. 엄청난 도전의 연속이 되리라는 것은 특명을 받았을 때부터 이미 각오했다. 전 세계 바이러스 백신 전문가를 한자리에 초청하는 국제 행사를 치르는 일이 녹록할 리 없었다.

특히 AVAR 행사는 참가 회사들이 소요 비용을 지불하는 것이 아니라 개최하는 측에서 협찬이나 행사 참가비를 통해 비용을 충당하는 형태라 부담이 컸다. 그해 여름 내내 박근우와 황미경은 협찬을 받기 위해 장맛비 속을 뛰어다녀야 했다. 각국 보안 업체나 IT 업체에 행사 협찬을 부탁하려면 숨 쉬는 시간 빼고 하루를 온전히 투자해도 모자랄 판이었다. 그렇게 지치도록 휘둘리고 난 뒤에도 어둠이 내리면 외국 전문가들에게 일일이 초청 메일을 보내느라 잠을 설치기 일쑤였다.

어디 그뿐이랴. AVAR은 홈페이지와 논문집 등 별도로 준비해야 할 것도 많았다. 더욱이 전시회, 세미나, 회원 총회 등 여러 가지 행사가 동시에 진행되기 때문에 그 모든 것을 자체적으로 준비하는 것은 거의 고통에 가까운 수준이었다. 그래도 해내야 했다.

11월 20일, 드디어 AVAR 행사의 전야제가 다가왔다. 무심하게도 하늘에서는 주룩주룩 비를 흩뿌렸다. 가슴 저 깊은 곳에서 불쑥 치솟는 불안감을 꾹 누르고 박근우는 안철수를 비롯한 직원들과 서울 모 호텔의 행사장으로 갔다. 이미 AVAR 임원 회의가 지연된 상태라 행사가 제대로 진행될지는 누구도 확신할 수 없었다. 마음속으로 부처님, 예수님, 신령님, 알라님 등 생각나는 신들을 죄다 끌어대며 간절히 기도를 했다. 그날을 위해 함께 준비해온 직원들의 땀과 눈물을 결코 헛되게 할 수는 없었다.

그가 두근거리는 가슴을 진정하며 행사장에 도착하자, 뜻밖에도 칵테일 파티장은 각 나라의 백신 전문가로 발 디딜 틈이 없었다. 전 세계의 컴퓨터 바이러스 퇴치 도사들이 한자리에 모인 것이다. 그동안 계절이 어떻게 흘러가는지도 모르고 그날을 위해 온몸을 고생의 구렁텅이에 밀어 넣었던 준비팀은 그제야 안도의 한숨을 내쉬었다.

그날 밤샘 작업 끝에 겨우 전시장이 완성되었다. 각 부서에서 차출된 직원들은 자신의 역할에 최선을 다했고, 11월 21일과 22일 이틀에 걸친 행사에는 전 세계 250여 명의 보안 전문가가 운집해 성황을 이뤘다.

안철수 역시 흡족했던지 행사 내내 입가에서 웃음이 떠나지 않았다. 간염과 사투를 벌이다 회복된 후 맞는 첫 번째 국제 행사였으니 그 역시 감회가 남달랐을 것이다. 안철수연구소가 창립된 이래 처음으로 주최한 국제 행사가 아니던가!

안철수연구소가 주최한 AVAR 국제 컨퍼런스는 국제 사회에 아시아 대표 보안 기업의 위상을 알리는 기폭제가 되었다. 특히 2002년 일본 법인 설립, 2003년 중국 법인 설립, 그리고 2005년 동남아 시장 진출로 이어지는 글로벌화의 초석을 쌓는 중요한 계기가 되었다. 나아가 행사를 직접 준비하고 참여한 경험은 세계로 비상하기 위한 직원들의 준비와 각오를 굳건히 다져주었다.

위기를 이기는
습관

비즈니스 세계에서 위기나 혼란은 우리가 하루 세 끼를 꼬박꼬박 챙겨 먹는 숫자보다 몇 배나 많이 찾아든다. 아니, 시간의 흐름 자체가 문제해결의 연속이다.

2001년 9월, 안철수연구소는 코스닥 상장으로 잠시나마 알싸한 기쁨을 맛보았다. 하지만 그것도 잠시, CEO가 간염으로 쓰러지면서 새로운 위기감이 찾아들었다. 부사장이던 김철수는 내부 조직이 흔들리지 않도록 고삐를 바짝 틀어쥐었고, 국내외 비즈니스 상황을 관망하며 회사의 생존을 위해 선진화 시스템 도입과 글로벌 경영체제의 초석을 닦는 데 앞장섰다. 변화하지 않고는 생존할 수 없음을 절감했기 때문이다.

'그래, 뱀 껍질보다 단단한 이 안전지대를 자꾸만 깨뜨리고 부숴

야 살 수 있다…'

이러한 의식이 안철수에게까지 전달되었는지 다소 몸을 회복한 그는 전 직원 앞으로 메일을 보냈다. 제목은 〈변화의 시작〉이었다. 이후 모든 구성원이 모인 자리에서 변화를 위한 설문과 전 직원 워크숍이 이루어졌고, 그들은 변화의 필요성에 대한 공감대를 형성했다. 당연히 조직 시스템도 정비되었다.

그런데 어찌된 일인지 그해 신제품은 개발 완료 일정이 다 되도록 나오지 않았다. 결국 이미 시장이 무르익은 상태에서 제품 개발이 완료되었다. 침입탐지시스템IDS과 침입방지시스템IPS을 개발해 네트워크 보안 사업을 시작할 계획이었는데 시기를 놓치고 말았다. 더욱이 어렵사리 시장에 출시한 제품에 대해 버그와 관련하여 고객 불만이 터져 나왔다. 품질에 매우 까다로운 일본에서의 아우성은 더욱 거셌다.

밝은 햇살이 그저 밝기만 한 것은 아니라는 사실을 그때 알았다. 암울했다. 글로벌 통합 보안 기업으로의 도약을 위한 비전이나 미래가 블랙홀 속으로 빨려 들어가는 듯한 느낌에 몸서리가 쳐졌다.

관계사 한시큐어를 안랩코코넛에 합병시키는 과정도 발목을 붙잡았고, 엎친 데 덮친 격으로 외부 환경도 IT 경기의 장기적인 침체로 물 먹은 솜처럼 척척 발에 휘감겼다.

2002년 안철수연구소는 관계사 한시큐어를 안랩코코넛에 합병하면서 영업권 잔액 170억 원을 일시에 비용으로 처리했다. 실제 현금 유출이 없는 회계장부상의 재조정이라 기업의 펀더멘털이나 현금보유고에는 변함이 없었다. 단지 회계상으로만 적자를 기록할 뿐이었다.

물론 170억 원을 5년에서 20년으로 분할해 처리한다면 장부상에도 적자가 기록될 일은 없었다. 하지만 그렇게 하면 장기적으로 기업의 실적에 나쁜 영향을 미칠 수 있어 일시에 털어 부담을 줄이고자 했던 것이다. 안철수연구소는 그것이 투명성과 건전성을 높이고 주주 가치를 높이는 일이라 여겼다.

그러나 투자자들에게는 그것이 안철수연구소가 적자를 낸 것처럼 비춰졌고 급기야 항의 전화가 빗발쳤다. 적자만큼 현금이 빠져나간 것으로 여긴 투자자들의 거센 반발과 주가의 곤두박질로 안철수연구소는 더욱 깊은 혼란 속으로 빠져들었다.

남을 배려하는 것이 곧 나를 배려하는 길이다

경영 투명성을 중시해 원칙에 따라 멀리 보고 판단을 내린 안철수연구소는 예상외의 반응이 안타까웠다. 사실 장부상으로 적자였던 2002년을 포함해 해마다 거르지 않고 현금보유고를 늘려온 안철수연구소로선 억울하기 그지없는 일이었다.

어쨌든 의도와 상관없이 결과적으로 주주를 홀대한 셈이었다. 제품이나 서비스를 쓰는 사람과 내부 직원뿐 아니라 주주도 똑같은 고객으로 섬기는 것이 주주 가치를 높이는 일이라 여겼던 안철수연구소는 대책을 마련하기 시작했다.

우선 회사의 속사정을 제대로 알려야 할 것 같았다. 앞만 보고 묵묵히 가는 것도 좋지만, 알릴 건 알리는 것이 개인 투자자들을 위한 배려라는 확신이 섰다.

우선, IR Investor Relations (자본 시장에서 정당한 평가를 얻기 위해 기업이 주식 투자자들을 대상으로 실시하는 홍보 활동) 페이지를 대대적으로 손질했다. 새로 꾸민 IR 페이지에는 CEO 메시지, 꼭 알아야 할 투자자 상식-투명경영 원칙과 철학, IR FAQ, IR 브리핑 등의 메뉴를 넣었다. 더불어 전사적 IR 조직으로 911팀을 만들었다.

이후 안철수연구소는 주주 가치를 높이기 위해 실현 가능한 각종 조치를 검토했고 이에 따라 2003년에는 최악의 IT 경기 침체에도 자사주 20만 주를 매입해 소각했다.

자사주 매입은 코스닥 기업 사이에서 보통 주가 부양 등의 목적으로 이뤄지지만, 소각은 유가증권 시장에서도 흔히 있는 일이 아니다. 더욱이 배당이 아니라 자사주 매입 후 소각이라는 방법을 택한 것은 주주를 위한 조처였다.

기업은 보통 배당이나 자사주 매입으로 이익의 일부를 주주에게 환원한다. 배당의 경우, 대주주를 포함해 주식 수가 상대적으로 많은 주주가 목돈을 쥐게 마련이다. 주식 수가 적은 개인 투자자는 배당을 받아도 금액으론 얼마 되지 않는 경우가 허다하다. 반면 주식 소각은 유통 주식 수를 줄여 그만큼 주식 가치가 오르게 하는 효과를 낸다. 당장은 현금을 받는 배당이 좋아 보이지만 주가에 미치는 영향까지 따진다면 배당이 결코 소각보다 낫다고 말하긴 어렵다.

안철수연구소는 이 점을 염두에 뒀다. 대주주인 안철수와 수많은 소액주주로 이뤄진 안철수연구소의 지분 분포상 배당보다 자사주 매입 후 소각이 개인 투자자에게 실질적으로 더 많은 이익을 돌려주는 정책이라고 판단한 것이다. 주가가 오르면 투자자에게 골고루 이익을 돌려줄 수 있을 거라 여겼기 때문이다.

그렇다고 안철수연구소가 한 번도 현금 배당을 하지 않았던 것은 아니다. 2004년에는 64억 원어치의 자사주를 매입했고 더불어 주당 400원의 배당도 실시했다. 이는 코스닥 상장 후 첫 현금 배당으로 국내 소프트웨어 업계로는 처음으로 순이익 100억 원을 돌파하는 등 창사 이래 최고의 실적을 올린 기쁨을 모든 주주와 함께 나누기 위해서였다.

여전히 불법 복제 등으로 소프트웨어 기업이 살아남기도 어려운 척박한 경영 환경과 2004년 들어 세 차례에 걸쳐 이루어진 자사주 소각 등을 감안하면 쉽지 않은 결정이었다. 이어 2005년부터는 매년 현금 배당을 하고 있다.

이처럼 안철수연구소의 재빠른 조처는 제품이나 서비스를 쓰는 사람과 내부 직원뿐 아니라 주주도 똑같은 고객으로 섬기겠다는 의지의 표현이었다.

심장에서 우러나오는 이야기

변화하면 살고 변화당하면 죽는다

2002년 9월 25일, 안철수연구소 중회의실에 회사의 부서장들이 모두 모여 있었다. 그들은 안철수연구소의 든든한 수레바퀴가 되어 앞만 보고 달려온 사람들이었다. 온갖 궂은일에 과감히 손발을 담그면서도 화려하게 스포트라이트 한 번 받아본 적 없는 그들이 한자리에 모인 이유는 간단했다. 창립 이래 최대의 위기 상황에서 부서장이 솔선수범해 새로운 변화를 이끌겠다는 각오를 다지기 위해서였다.

당시 내용을 그대로 살펴보면 그들이 얼마나 절박한 심정으로 안철수연구소가 놓인 상황에 대처했는지 충분히 짐작이 갈 것이다.

"안철수연구소는 창사 이래 매년 급성장을 거듭해왔습니다. 구성원들의 땀과 노력이 급성장에 가장 중요한 밑거름이 되었음은 분명합니다. 더불어 바이러스 대란과 정부의 불법 복제 단속을 통한 국내 백신 시장의 성장, 기업 브랜드 영향 등 외부적 요인도 많은 기여를 했습니다.

그런데 최근 1~2년간 안철수연구소는 통합 보안 기업으로의 변신을 선언한 이후 전력을 기울여온 신기술 및 신제품 개발에서 성과가 미흡했으며, 기존 안티바이러스 영역의 역량 강화에서도 내세울 만한 성과를 거두지 못하고 있습니다. 더욱이 국내 안티바이러스 시장의 성장 동인을 찾기 어려운 가운데 치열한 가격 경쟁이 지속되어, 국내 매출은 정체된 반면 충원에 따른 경비 증가로 영업 적자를 눈앞에 두고 있습니다. 그동안 우리가 투자한 몇 가지 대형 신제품 개발 프로젝트는 관리 미숙과 안일한 현실 인식으로 프로젝트 자체가 존폐의 기로에 처해 있거나 계속해서 일정이 연기되고 있습니다. 이로 인한 사업 기회 손실은 단순히 금액으로 환산할 수 없을 정도이며, 그동안 이룩해온 안철수연구소의 명성은 물론 미래까지 위협하는 단계에 이르렀습니다.

이는 안철수연구소의 정체성 위기라고 해도 과언이 아닐 것입니다. 안철수연구소는 지금까지 CEO를 중심으로 구성원간 상호존중과 신뢰를 바탕으로 조직을 일궈왔습니다. 그러나 최근의 프로젝트 진행 사례를 보면, 부서 간 책임 전가와 내 일만 잘하면 된다는 식의 장벽이 형성되어 의사소통이 어렵고 그로 인해 낭비되는 시간이 늘고 있습니다. 나아가 안일한 사고와 주위에 대한 배타적 무관심으로 우리의 핵심 가치마저 위협받고 있습니다."

한마디 한마디가 심장에서 우러나오는 뼈 있는 얘기였다. 잘 나가는 대기업도 끊임없이 위기의식을 부르짖는 상황이었으니 숙연하게 현재를 살펴보고 미래로 달려가기 위한 발판을 다지려는 노력은 당연했다. 코딱지만한 의자가 생겨도 덜컥 걸터앉고 싶은 게 인지상정인지라, 거침없이 돌진하던 사람도 다시 운동화 끈을 조이며 의지를 다지지 않으면 안전지대에 머물고 싶은 유혹에 넘어가게 마련이다. 더욱이 남들은 모두 변화의 고삐를 늦추지 않고 허물벗기에 여념이 없는데, 혼자서 제자리에 머물러 있으면 그 자체가 이미 퇴보가 아닌가?

어차피 지금은 변화하지 않으면 변화당할 수밖에 없다. 그러니 이왕이면 주도적으로 변화를 선도해나가는 것이 낫다.

위기의식이 철철 넘치는 가운데 안철수연구소의 부서장들은 다시금 운동화 끈을 조이며 변화를 위한 각오를 다졌다.

1. 위기를 타개하기 위해 먼저 구성원 모두가 스스로를 돌아보고 현재 상황을 냉철히 파악해 위기에 대한 경계심을 갖고 업무를 수행한다. 특히 회사 내에서 중요한 업무와 목표를 관리하는 부서장으로서 현재의 시각과 한계를 탈피함은 물론, 책임지는 자세로 회사의 지속적인 성장을 위해 문제를 근본적으로 해결할 수 있는 전향적 자세로 변화에 임한다.

2. "급할수록 돌아가야 한다"는 말이 있듯, 안철수연구소는 창업의 초

심으로 돌아가 조직과 인력을 새롭게 구성하고 기본에서 다시 출발하고자 한다. 안철수연구소의 정체성이라 할 제품 개발 영역을 코어 테크놀로지와 애플리케이션 테크놀로지로 구분해 기반 기술 연구 및 혁신, 기반 기술을 바탕으로 한 제품 개발과 지속적인 발전을 통해 시장에서 성공을 거둠으로써 영속적이고 위대한 기업을 함께 만들어나가는 데 부서장으로서 책임과 역할을 다한다.

3. 오늘 변화하지 않으면 우리에게 내일은 없다는 말처럼 지금 우리가 나아가고자 하는 변화는 회사의 존폐가 걸린 문제이며, 궁극적으로 안철수연구소의 모든 구성원을 위한 조처임을 인식한다. 특히 시장 중심의 새로운 조직 구성을 통해 많은 팀장이 새로이 부여된 의사결정 권한과 책임, 업무 추진을 수행할 수 있는 기회를 갖게 됨에 따라 각 팀장은 물론 그 팀원에게도 새로운 기회를 배려하는 등 조직 시스템 정착에 노력한다. 이를 통해 모든 구성원이 주인의식을 갖고 회사가 지향하는 하나의 목표를 성공적으로 달성할 수 있도록, 바람직한 조직공동체를 만들어가는 데 솔선수범한다.

2002년 9월 25일에 이뤄진 이러한 각오는 "각 부서장은 그동안 이룩한 회사의 명성은 물론 미래까지 위협받는 창사 이래 최대의 위기 상황을 맞이해 이를 슬기롭게 극복하고자 위 사항을 준수할 것을 서약합니다"라는 말로 끝을 맺었다.

말 로 도 뛰 고 발 로 도 뛴 다

결과를 만들어주는 것은 말이 아니라 행동이다. 세 치 혀로 소손 녕을 주무르고 강동6주를 빼앗아온 서희도 온몸을 불사른 고려군의 든든한 배경이 없었다면 그토록 심장에 철판을 깔아놓은 듯 행동할 수는 없었을 것이다.

일단 각오를 새롭게 다진 안철수연구소는 2002년의 시련을 겪으면서 연구 개발 프로세스 혁신EPI, Engineering Process Innovation이 글로벌 기업으로 도약하기 위한 중대한 과제임을 절감했다. 기존의 연구 개발 관행과 품질관리로는 결코 성공할 수 없다는 의식이 팽배해 있었다. 이에 따라 전사 개념의 품질경영 활동을 위해 15명의 인력을 전담 배치하여 주로 엔지니어링 프로세스 정비에 주력했다. EPI를 진두지휘했던 김현숙은 당시의 어려움이 생각난 듯 두 눈을 지그시 감았다 떴다.

"사람을 개혁하자는 게 아니고 프로세스를 개혁하자는 거였는데, 반발이 아주 심했어요. 악역이었죠, 뭐."

소프트웨어는 제조와 달라서 누구든 '완벽하다'는 말을 하지 않는다. 버그에서 자유롭지 못하다는 얘기다. 결국 내부적 라이프사이클 관리와 형상관리소스 등의 엄격한 품질기준을 거쳐 고객의 불편을 최소화한다는 표현이 적합하다고 볼 수 있다.

그런데 당시 가장 큰 문제는 QA Quality Assurance팀에서 테스트한 상태의 소스코드를 제대로 유지하지 못하는 것이었다. 여러 사람이 공유 작업을 한 경우에는 기본적으로 소스도 공통적으로 쓰게 된다. A라는 사람이 오늘 손을 봤는데, 다음날 A가 손본 걸 모르고 B가 이전의 버전에 손을 대면 버전 관리가 안 된다. 그러면 당연히 같은 방법으로 소스 컨트롤 작업을 해야 한다. 이런 상황에서는 했던 일을 몇 번이나 다시 하는 것은 물론, 버그를 만들어 내보내기도 한다. 나중에 고객사에서 리포트된 걸 보면 똑같은 버그가 신고되어 있음을 알 수 있다. 버그가 또 다른 버그를 만들어낸 셈이다.

고객이 만족하는 소프트웨어 상품, 서비스 등의 가치를 제공하기 위해서라도 안철수연구소는 프로세스를 혁신할 필요가 있었다. 그러나 아무리 의도가 좋아도 사람 간에 공통 규칙을 만들기란 여간 어려운 게 아니다. 공통 양식을 만들고 프로젝트를 관리하는 공통의 룰을 도입하는 것은 자칫 복잡하다는 인식을 줄 수 있기 때문이다.

"이미 잘하고 있는데… 복잡하게 왜 그런 게 필요하죠?"

QA팀에 버그를 많이 찾으라는 목표를 주자 개발자들은 반발했다. 당시 개발자들은 테스트보다 개발 속도를 중요하게 여겼기 때문에 QA팀의 견제를 참기 힘들어했다. 비록 협업 차원이긴 했어도 개발자의 보조에 지나지 않던 QA팀에서 품질을 컨트롤하려 드니 개발자들이 반발하는 것은 당연한 일인지도 몰랐다.

사실 그 이전의 개발자들은 자신의 소스코드를 다른 사람이 보는 것조차 싫어했다. 자신의 속살을 드러내 보이는 것으로 느꼈을 정도였다.

개발자 중에는 소스코드가 지저분한 사람이 있는가 하면, 동작만 하면 된다는 사람도 있다. 또한 고객의 요구가 아니라 자기만족 때문에 지나치게 정갈한 개발자도 있다. 이처럼 다양한 소스코드에 부분적으로 코드프리징을 한다고 해서 프로세스 전체가 좋아지는 것은 아니다. 프로세스 개혁은 생각의 본질을 바꾸는 작업으로, 표피적인 코드프리징이란 절차 하나를 집어넣었다고 해서 되는 것이 아니었다.

"견제를 통해 좋은 제품을 만들어내는 걸 경험해야 개발자들이 자연스레 여길 텐데… 지금껏 그런 경험이 없다 보니 저항할 수밖에요."

1999년 11월에 입사해 EPI 업무를 담당했던 노인걸은 당시의 노력을 이렇게 회상했다.

"각개 격파했죠, 뭐. 부서별 혹은 개인을 찾아다니며 설득했거든요. 신뢰를 주는 게 우선이라고 여겼어요. 엔지니어링 조직에서 누가 못하는 걸 들춰내려는 게 아니라 품질을 높이기 위한 것이었으니까요. '우리는 한 몸으로 서로 프로세스 노예가 되지 말고, 프로세스 주인이 되자'는 걸 강조하고 또 강조했죠."

진통은 지속됐다. 김현숙 역시 당시의 진통이 얼마나 고단했는지를 떠올렸다.

"죽을 맛이었어요. 프로세스 개혁이 빨리 이뤄지길 바라는 경영진의 기대를 충족시키지도 못했고, 또 직원들에게는 그들이 나름대로 쏟아내는 욕을 실컷 먹었지요. 사실 품질경영이라는 게 처음에는 문서화 수준이거든요. 그러니 프로세스 역량이 어떻게 일시에 높아지겠어요. 그건 처음으로 골프를 치는 사람에게 풀스윙 하라는 얘기나 다름없죠. 쓰지 않던 근육까지 써서 풀스윙을 하면 아프잖아요. 그 통증 꽤 오래가요. 시간과 노력이 합쳐져야 자연스럽게 풀스윙이 나오는 건데…."

끝내 회사를 그만두는 개발자가 속출했다. 그렇게 긴 폭풍이 몰아치고 난 후, 서서히 품질이 높아지면서 EPI 프로그램은 자리를 잡아갔다.

그리고 2004년, 안철수연구소는 EPI실을 총괄할 전문가로《대한민국에는 소프트웨어가 없다》의 저자이자 소프트웨어 컨설턴트인 김익환을 최고연구원으로 영입했다. 그는 프로세스에 의한 체계적인 개발을 강조하는 인물로 안철수연구소에서 자신의 지론을 본격적으로 실무에 적용하기 시작했다.

우선 2004년 4월, 연구 개발 부문의 인력을 보충하기 위한 보도자료를 배포하면서 글로벌 보안 업체로 도약하기 위한 것이라는 야심찬 설명을 달았다. 그럴 듯했다. 당시 안철수연구소가 채용하고자 했던 인력 중에는 국내에서 쉽게 볼 수 없는 아키텍트와 품질관리 전문가도 포함됐다.

아키텍트란 소프트웨어의 기본 구조를 설계하고 필요한 기술을 선정하는 등 소프트웨어 개발의 총사령관 역할을 맡는 설계 전문가를 말한다. 품질관리 전문가는 말 그대로 소프트웨어의 품질을 책임지는 사람이다. 둘 다 소프트웨어 개발 업체에 반드시 있어야 하는 인력인 셈이다.

사실 이것은 아이러니한 현실이었다. 한국을 대표하는 소프트웨어 업체 안철수연구소가 2004년에 이르러서야 연구 개발의 핵심인 아키텍트와 품질관리 전문가를 뽑겠다고 나섰으니 말이다. 이는 한국 최고의 보안 업체라는 안철수연구소 역시 그동안 주먹구구식의 개발 관행에서 자유롭지 못했다는 것을 스스로 인정한 셈이다.

어찌되었든 2005년, 안철수연구소는 포부도 당당하게 거창한 제목을 달아 인재 채용 공고를 냈다.

"안철수연구소가 창립 10주년을 맞아 세계 최고의 인재를 초빙합니다."

사실, 5년이나 10년 뒤 안철수연구소가 무엇을 먹고살지는 이들이 결정하게 될 것이었다. 미래의 밥상이 이들의 손에 달려 있었다. 당시 이 사실을 잘 알고 있던 안철수연구소는 2010년 세계 10대 보안 전문기업으로 거듭나기 위한 이 특단의 조치에 사활을 걸었다.

그런 만큼 채용 공고에만 매달려 인재가 제 발로 걸어 들어오길 기다릴 수는 없었다. 핵심 인재를 확보하기 위한 전방위 활동을 대대적으로 벌여 나갔다. 취업 사이트와 개발자 커뮤니티에 광고를 내는가 하면 헤드헌터도 적극 활용했다. 그뿐 아니라 사내 직원의 추천을 받은 사람이 입사가 확정될 경우, 추천한 직원에게 100만 원의 특별 포상금을 지급하는 사내 추천제도 실시했다. 인재 영입을 위한 경영진과 일반 사원의 노력은 새로운 변화의 시작 속에서 그렇게 하나가 되었다.

THE SAFEST NAME IN THE WORLD

05

우리는 우리를 경영한다

'나'는
'우리'를 대표하는 브랜드

능력보다 가치관을 보라

회사마다 원하는 인재상은 다르게 마련이다. 그렇다고 절대적으로 올바른 기준이 있는 것은 아니다. 안철수연구소는 인재를 '끊임없이 발전하려고 노력하는 사람'으로 정의한다. 여기에 덧붙여 동료와 회사의 발전을 두루 생각하는 사람이 안철수연구소가 요구하는 진짜 인재이다. 건강한 생각 역시 빠질 수 없는 인재의 조건이다. 안철수연구소처럼 바이러스 백신이나 보안을 다루는 회사의 직원은 가치관이 대단히 중요하기 때문이다. 그저 많은 환자가 몰려들어 돈이나 왕창 벌었으면 좋겠다고 생각하는 의사가 도덕적인 문제로 질타를 받듯, 바이러스가 많았으면 좋겠다고 생각하는 사람은 보안 회사와 어울리지 않는다.

업무 능력은 그 다음 문제다. 이에 따라 안철수연구소는 능력이 있다고 해서 무조건 채용하는 것을 심각하게 경계한다. 그가 회사와 동일한 철학을 갖고 있지 않으면 장기적으로 회사에 큰 손실을 입힐 수 있다고 여기기 때문이다.

보안기술팀 팀장 이호웅은 직원 채용 면접 때 겪었던 웃지 못 할 일을 털어놓았다.

"실제 해킹을 해봤던 사람이 면접 때 그것을 자랑 삼아 얘기하더군요. '내 기술력은 이 정도다!'라는 걸 자랑하고 싶었던 거겠죠. 또 어떤 사람은 불법 복제를 해봤다고 내세웠지요. 그러면 기술력을 인정해줄 거라 믿었던 거죠. 하지만 우린 그런 사람 뽑지 않습니다. 한번 그런 악의 세계에 맛을 들인 사람은 쉽게 빠져나오지 못하거든요. 마약과 같아서요."

사실 회사의 가치관과 맞지 않는 사람을 능력만 보고 뽑는다면 그것은 본인에게도 불행한 일이다. 오랜 적응 기간을 거치는 중에 수많은 내적 갈등과 시행착오에 휩싸일 것이기 때문이다.

안철수연구소는 면접을 볼 때, 지원자가 얼마나 말을 조리 있게 잘하느냐보다 말하는 태도나 인상을 더 중요하게 여긴다. 즉, 진정성이 어느 수준인가에 집중한다. 이것은 굉장히 힘든 작업이다. 면접관도 사람인 이상 판단착오의 가능성은 얼마든지 존재하기 때문이다.

"어디 신바람 나서 미친 듯이 일에 빠져들 만한 인재 없나? 그런 사람 있으면 도시락 싸들고 쫓아다니며 일 좀 함께하자고 매달릴 텐데."

인재난을 절감할 때마다 농담처럼 얘기하지만, 사실 그것은 절실한 현실이었다. 사람을 제대로 뽑는 일이 힘들다 보니 안철수는 면접 관련 책을 독파한 후 면접에 임할 정도로 신규 인력 채용에 신중함을 보였다. 글로벌 기업이 '인재 찾아 삼만 리'도 모자라 세계 곳곳을 누비는 데는 그만한 이유가 있다. 지금은 말 그대로 인재 한 명이 만 명을 먹여 살릴 수 있는 지식사회가 아닌가. 만약 그런 인재를 찾는다면 아프리카 오지에 사는 사람일지라도 최선을 다해 모셔오는 것이 당연하다.

어쨌든 아무리 신중에 신중을 기할지라도 한 사람의 가치관은 면접만으로 충분히 검증해낼 수 없다. 이에 따라 안철수연구소는 치열한 경쟁을 뚫고 들어온 사람들이 제대로 정착할 수 있는지를 보기 위해 수습제도를 시행하고 있다. 그렇다고 수습사원을 위한 특별 프로그램이 있는 것은 아니다. 곧장 현업에 투입하여 일을 함께 하지만, 그 과정에서 그가 올바른 생각을 갖고 있는지 예의주시하며 판단한다.

고객만족센터에 지원한 한 사원은 수습기간 내내 열정적인 모습을 보였을 뿐 아니라 시험성적도 우수했다. 그런데 그녀는 발음이 좋지 않았다. 다른 업무에 지원했다면 문제될 게 없었지만, 고객과 직접 상대를 해야 하는 업무라 발음은 중요한 논란거리가 될 수밖에 없었다. 하지만 그녀는 좌절하지 않았다. 마치 아나운서 시험을 준비하듯 볼펜을 입에 문 채 발음 연습을 하는 등 피나는 노력을 거듭했다. 고객에게 알맞은 상담을 하기 위해 준비하는 노력에 감동한 선배들은 격려와 함께 높은 점수를 주었다.

안 랩 의 A 자 형 인 재 론

안철수연구소가 추구하는 독특한 인재상은 바로 A자형 인재이다. 이는 도요타의 T자형 인재가 바람직한 인재상을 표현하는 동시에 Toyota라는 영문 사명의 첫 글자인 것처럼, A자형 인재도 안철수연구소의 인재상을 잘 표현해줌과 동시에 AhnLab의 첫 글자이다.

도요타의 인재상을 그림으로 형상화한 T자형 인재에서 세로 방향의 선은 한 분야에서의 전문지식을 가리킨다. 그러나 이 부분만으로는 전문가는 될 수 있을지언정 프로가 되기에는 부족하다. 여기에 덧붙여야 할 것이 가로 방향의 선, 즉 자신이 맡은 분야의 전후 공정에 대한 지식이나 통상적인 업무를 수행할 수 있는 능력이다. 한마디로 도요타에서 요구하는 인재는 깊이와 넓이를 모두 갖춘 사람을 말한다.

안철수연구소에서 요구하는 A자형 인재는 여러 분야의 전문가가 서로 조화를 이뤄나가는 것이 무엇보다 중요하다는 개념에서 출발한다. 하나의 큰일을 하기 위해 각 개인이 맡은 일을 열심히 하는 것에 앞서 조화를 더 중요시하는 것이다.

A자형 인재를 나타내는 그림은 두 가지로 해석된다.

첫째, A자는 사람 인(人)자와 그 사이의 선(—)으로 구성되어 있는 글자로 본다. 여기에는 한 분야의 전문지식뿐 아니라 다른 분야

사실 안철수연구소의 인재상은 현대가 필요로 하는 바람직한 전문가상이라고 할 수 있다. 각 분야의 전문가가 열린 마음으로 협력한다면 그 조직과 구성원이 함께 발전하는 것은 당연하다.

특히 영혼을 간직한 조직으로써 험난한 세파를 뚫고 나가려면 존재의 의미와 핵심 가치를 정립하는 것은 물론, 구성원 개개인의 바람직한 인재상을 구체화해야 한다. 더불어 이를 뒷받침할 수 있는 인사제도가 있어야 한다. 안철수연구소의 A자형 인재와 직종별 전문가 제도는 이러한 바탕 위에 만들어진 것이다.

신바람 나는
일터를 만들라

아름다운 기업문화

자기가 하고 싶은 대로 신나게 노래를 부른 끝에 가수로 성공해 돈방석에 앉았다는 베짱이와 죽어라고 일해서 겨우 먹고살게 된 개미 중 어느 쪽 삶을 선택하고 싶은가? 당연히 베짱이일 것이다. 조직의 활력은 잘 갖춰진 시스템이 아니라 베짱이다운 구성원이 얼마나 많은가에 따라 달라진다. 이들이 흥이 나서 움직여야 구성원간의 이해와 협력이 증진되고 이것이 성장의 원동력으로써 탄탄한 토대가 되기 때문이다.

2004년, 안철수연구소에서는 직원들의 신바람을 독려하기 위한 제도로 칭찬 릴레이를 선보였다. 이것은 온라인사보 〈보안세상〉을 통해 매달 칭찬하고 싶은 동료를 선정하고 그 이유와 사연을 밝히는 제도이다. 우리네 정서상 칭찬은 하는 것도 받는 것도 쑥스러운 일로 여겨지기 십상이지만, 일단 습관이 되면 그것은 돈 안 들이고 분위기를 한껏 띄우는 좋은 방법이다.

칭찬의 첫 주자로 선정된 권영찬은 당시에 얼마나 얼굴이 후끈 달아올랐는지 연신 쑥스러운 미소를 지었다.

"어휴, 쑥스러워서 혼났어요. 벌건 대낮에 저 혼자 벌거벗겨진 느낌이었다고나 할까요? 하지만 제가 잘 모르던 것까지 기억했다가 칭찬해주는 동료들의 말에 속으로는 엄청 기분이 좋았지요. 일이요? 열 배, 스무 배는 더 열심히 해야겠다는 생각이 들던 걸요!"

또한 같은 해에 프렌드십 어워드 Friendship Award 제도도 선보였다. 영업본부와 컨설팅서비스사업본부를 중심으로 한 이 제도에 따라 각 부서원은 해당 분기 동안 자신의 업무 진행 과정에서 가장 적극적으로 협조하고 협력한 다른 부서 동료를 선정해 시상한다. 선정자는 본인에게 할당된 회식비 가운데 일정액을 떼어내 수상자에게 문화상품권으로 보답한다. 이를 격려하기 위해 수상내역이 수상자의 소속 부서장에게 전해지고 사내 게시판에도 게재된다.

직원을 하나로 묶는 이벤트는 더욱 다양하다. 우선 삼복더위에는 전 직원에게 통닭과 아이스크림을 제공한다. 직원들의 입맛을 고려해 삼계탕 대신 통닭을 준비하는 것이다. 아이스크림은 조선시대 궁중에서 더위를 이겨내라는 뜻으로 높은 벼슬아치들에게 빙표(氷票)를 주어 관의 장빙고에 가서 얼음을 타 가게 했다는 역사적 사실에서 힌트를 얻었다.

또한 10월에는 모든 직원이 대회의실에 줄지어 서서 독감 예방주사를 맞는다. 백신 회사답게 바이러스를 예방하기 위한 백신 주사를 맞는 모습은 생각만 해도 슬며시 웃음이 나오게 만든다. 11월 11일에는 가래떡 데이라는 이름으로 가래떡을 나눠먹기도 한다. 여기에서 착안해 농림부 등 정부 차원에서도 같은 행사를 하고 있다. 12월의 동짓날에는 경영진이 직원에게 팥죽을 나눠주며 함께 먹는 행사를 연다.

이러한 이벤트보다 역사가 오래된 '축하 풍선'은 안철수연구소 사람들이 무심코 지나칠 만큼 익숙해진 문화이다. 하지만 새로 입사한 사람에게는 이 문화가 그저 신기할 따름이다.

출근 첫날, 책상 위에 붙어 있는 축하 풍선을 본 박한송은 깜짝 놀랐다. 두 개의 풍선에는 '입사를 축하합니다'라는 글이 적혀 있었고, 이어 그의 곁으로 동료들이 하나둘 다가와 축하 인사를 건네주었다.

"첫날이라 상당히 긴장을 했는데, 제 자리에 매달려 있는 풍선을 보는 순간 웃음이 터져 나오면서 마음이 편안해졌어요. 또 동료들이 먼저 다가와 축하 인사를 해준 덕분에 회사 생활에 좀더 빨리 적응할 수 있었던 것 같아요."

그뿐 아니라 새로운 직원이 입사하면 PC, 문구류 등의 사무용품을 비롯해 환영문, 핵심 가치와 비전 인쇄물이 담긴 '웰컴 패키지'를 책상에 세팅해둔다. 풍선의 경우에는 새로운 직원의 자리뿐 아니라 생일을 맞은 사람의 자리에도 달려 있다. '생일을 축하합니다'라는 풍선을 본 사람들이 축하의 말 한마디 혹은 작은 선물을 건

넬 수 있도록 배려한 것이다.

이밖에도 안철수연구소에서는 재주 많은 직원이 모여 있음을 입증하듯 다양한 동호회가 활성화되어 있다. 인생의 축소판인 바둑을 비롯해 인라인스케이트, 축구, 탁구, 농구, 자전거, 등산, 사진, 공연관람, 자원봉사, 무에타이 등의 동호회가 직원들의 고단한 심신에 활력을 불어넣고 있다.

당신이 행복해야 나도 행복합니다

명언록을 뒤지다 가끔 발견하게 되는 "당신이 행복해야 나도 행복하다"는 말을 되뇌어보면 무릎을 칠 만큼 딱 맞는 말이라는 생각이 든다. 흥미롭게도 비즈니스맨은 이 말을 '고객이 행복해야 나도 행복하다'는 말로 받아들인다. 하긴 고객이 행복하면 물건을 제공하는 사람은 당연히 행복해질 수밖에 없다. 어쩌면 그래서 더불어 살아가려는 의지와 행동이 절실히 필요한 것인지도 모른다.

안철수연구소의 기업 이념은 함께 살아가는 사회에 기여한다는 것이다. 이를 실천하기 위해 그동안 안철수연구소는 정보 격차 해소를 위한 후원 활동, 아름다운 일터 캠페인 등 크고 작은 사회공헌 활동에 동참해왔다.

사실 안철수연구소는 직원 채용 단계에서부터 가치관을 매우 중요시하기 때문에, 구성원들 사이에 혼자서 할 수 없는 의미 있는 일을 여러 사람이 모여 이뤄낸다는 인식이 강한 편이다. 나아가 급속히 발전하는 IT 인프라에 맞는 보안 솔루션 개발로 사회에 책임을 다한다는 긍지로 발전하고 있다. 덕분에 안철수연구소의 구성원은 본업에 최선을 다하는 동시에 사회에 기여할 수 있는 일련의 사회공헌 활동을 자연스럽게 받아들이고 있다.

구성원들에게 자긍심을 듬뿍 안겨주기에 충분한 안철수연구소의 사회공헌 노력은 이렇게 나타나고 있다.

첫째, 정보 보안 의식을 제고하고 무료 백신을 보급하는 활동을 활발히 전개한다. 1999년에는 CIH 바이러스 대란을 계기로 50여 개의 신생 벤처기업과 50개의 시민단체에 백신을 무료로 증정했고, CIH 바이러스 대비 무료 세미나를 개최하기도 했다. 시민단체 지원은 지금까지도 이어져 한국 YMCA, 아름다운가게, 환경운동연합 등과 수년째 인연을 맺어오고 있다.

둘째, 공익·교육·문화 목적의 행사를 지원하거나 이벤트를 협찬한다. 대표적으로 부산국제영화제의 성공적인 개최를 위해 매년 제품을 지원하고 있으며 장애청소년 정보검색대회, 정보 보호 올림피아드, 카이스트-포항공대 해킹 대회를 지원하기도 했다. 이외에도 정부 차원에서 진행되는 실업자 교육, 청소년 PC 보급 캠페인 등 공익을 목적으로 하는 각종 활동에 적극 참여하고 있다.

셋째, 임직원이 직접 참여하는 봉사활동을 꾸준히 전개한다. 2003년부터 아름다운가게의 뷰티풀 파트너가 되어 매년 아름다운 토요일 행사에 동참하는 것으로 한 해를 마무리한다. 전 직원이 재활용품을 기증하고 12월 중순 토요일에는 직접 매장에 나가 1일 판매원으로 활동하는 것이다. 이때 의류, 책, 음반, 아동용품, 가전제품 등 임직원들이 정성스럽게 모은 물품은 물론 안철수연구소의 대표 보안 제품도 기증하고 있다.

넷째, 자발적인 기부 문화를 정립해나간다. 2005년 10월 국내 기업으로는 처음으로 아름다운재단과 협력해 아름다운 일터 캠페인을 펼쳤다. 이 캠페인은 지금도 계속되고 있는데, 기업 주도가 아니라 직원들이 자발적으로 일정한 금액이나 급여의 일정 비율을 기부하는 것이라 그 의미가 더욱 크다.

다섯째, 한국정보화진흥원과 함께 정보 격차 해소 활동을 펼친다. 2005년 8월, 안철수연구소는 한국정보화진흥원과 국내외 정보 격차 해소에 관한 양해 각서를 체결하고 지속적으로 상호 협력할 것을 약속했다. 또한 2005년 7월에는 국가간 정보 격차 해소 및 국제사회 공헌 차원에서 세계 33개국 74개 지역에 파견하는 해외인터넷청년봉사단에 V3와 스파이제로 등 3,000만 원 상당의 보안 제품을 지원했다.

여섯째, 정보보안전문가를 꿈꾸는 청소년을 대상으로 무료 교육을 실시한다. 2006년 8월, V스쿨 제1기 출범을 시작으로 주로 방학을 이용해 교육을 실시하고 있다. V스쿨은 날로 지능화되고 있는 악성코드로부터 자신의 정보를 보호하고 건전한 보안 의식과 보안 생활화 습관을 키워주는 한편, 정보보안전문가를 지향하는 꿈나무를 육성하는 데 목적을 두고 있다.

온라인에서 만나는 열린 공간

각각의 구성원이 혼자서는 할 수 없는 일을 하기 위해 모인 곳이 조직이다. 따라서 조직은 서로에게 존재의 의미가 되어야 한다. 안철수연구소는 존중과 신뢰로 서로와 회사의 발전을 위해 노력한다는 핵심 가치와 A자형 인재상에서 강조하는 팀워크 능력을 통해 조직 내부의 원활한 커뮤니케이션과 열린 마음을 강조하고 있다.

2003년 7월 탄생한 안철수연구소의 온라인사보〈보안세상(報Ahn세상)〉은 사내 매체를 통해 기업 규모 및 인력 확대 등에 따른 올바른 기업문화를 정립하고, 임직원간 커뮤니케이션 활성화를 위한 것이다. 사내 공모를 거쳐 결정된 사보 이름에는 안철수연구소(Ahn)를 널리 알리고(報) 기업문화와 가치를 공유한다는 뜻과 보안이 상식이 되는 안전한 네트워크 세상을 만들겠다는 의미가 담겨 있다.

2009년 3월에는 웹 2.0 흐름에 맞춰 블로그 http://blogsabo.ahnlab.com 형태로 전환해 외부와 더욱 적극적으로 소통하고 있다. 〈보안세상〉은 기획부터 취재, 제작을 아마추어가 한다. 안철수연구소 직원으로 구성된 사내 기자단과 전국 각 지역의 대학생으로 구성된 대학생 기자단이 그들이다. 아마추어이기 때문에 더욱 풋풋하고 참신한 시각을 담을 수 있다.

〈보안세상〉은 재미와 공감, 정보를 담는다. 안랩人side, 현장속으로, 보안라이프, 문화산책 등의 틀을 토대로 600여 안랩인의 일과 생활, 팀워크 등 누구나 공감할 수 있는 이야기를 재미있게 엮는 한편 따뜻하고 안전한 IT, 인터넷 생활을 누실 수 있는 유익한 정보도 놓치지 않는다.

안철수연구소가 운영하는 블로그는 이 밖에도 김홍선 대표가 직접 운영하는 CEO 블로그http://ceo.ahnlab.com, 최신 보안 정보를 전하는 ASEC 블로그http://blog.ahnlab.com/asec, 기업 공식 블로그http://blog.ahnlab.com가 있다.

또한 140자로 정보를 나누는 트위터가 새로운 커뮤니케이션 통로로 부상함에 따라 2010년 4월 기업 트위터http://twitter.com/AhnLab_man를 개설했다. 김홍선 대표 역시 트위터http://twitter.com/hongsunkim로 적극 소통 중이다.

또한 인트라넷에서는 자유게시판, CEO 게시판 등을 통해 자율적인 소통을 중시하는 문화를 느낄 수 있다. 회사 인트라넷인 안방Ahn Bang의 자유게시판은 대기업에서도 찾아보기 어려운 것으로 회사가 직원들을 신뢰 및 존중하고 있음이 고스란히 드러난다.

그밖에 매년 직원 투표를 통해 회사의 10대 뉴스를 선정한 다음 이를 코믹하게 영상으로 구성해 종무식 때 발표한다.

안철수는 어려운 때일수록 서로를 격려하며 힘이 되어 주려는 노력이 필요하다고 말한다. 2002년 국내외 경제 여건이 좋지 않은 상황에서 사상 처음 매출액이 떨어지자 구성원들의 사기가 바닥으로 떨어졌다. 이때, 커뮤니케이션의 중요성을 절감한 안철수는 상반기와 하반기로 나눠 CEO와의 대화를 진행했다.

상반기에는 팀이나 부서별로 진행했는데 반응이 상당히 좋아 하반기에는 띠별 모임까지 열었다. 특히 하반기 띠모임은 자연스럽게 용가리(용띠), 뱀파이어(뱀띠), 찍찍이(쥐띠), 호모(호랑이띠) 등의 비공식적 모임으로 이어졌다.

CEO와의 대화는 업무시간 이전인 오전 8시부터 김밥과 샌드위치를 먹으며 진행되었고 직책, 직급, 나이 등에 관계없이 ○○님, ○○씨로 호칭을 통일해 자유롭고 격의 없이 진행했다. 덕분에 사내 공용 커피의 품질을 높여달라는 요구로부터 안철수연구소의 장기 글로벌 사업 전략이 무엇이냐는 질문까지 허심탄회하게 대화하는 시간을 가질 수 있었다. 그렇다고 말로만 끝난 것은 아니다. 직원들의 건의 내용은 해당 부서의 검토를 거쳐 즉시 경영에 반영되었다.

2006년 10월부터는 문화행사를 접목한 안랩 무비데이를 연 3~4회 개최하고 있다. 일상적인 사무공간이 아닌 영화관에서 좀더 자유롭게 의사소통을 함으로써 조직문화를 활성화하기 위해서이다. 이 행사에는 직원은 물론 직원의 가족, 협력사까지 초청해 평소의 노고와 후의에 감사의 뜻을 전한다.

일반적으로 조직 규모가 확대될수록 커뮤니케이션의 오류도 늘게 된다. 이러한 문제를 해결하는 가장 효과적인 방법은 최고 경영자와 말단 사원이 직접 대화하는 자리를 마련하는 것이다. 이를 실천하기 위해 안철수연구소는 무비데이는 물론 사내 인트라넷과 이메일 등을 통해 직접 커뮤니케이션하는 자리를 점점 확대해나가고 있다.

백발의 개발자가 일하는 곳

일본에서는 백발이 성성한 노인과 싱싱한 젊음을 내뿜는 젊은이가 팀을 이뤄 경험과 패기의 조화로 일을 해내는 훈훈한 미담이 가끔 사회면을 장식하곤 한다. 이를 두고 '일본은 워낙 노인이 많으니까'라고 간단하게 치부할 수 없는 이유는 우리가 현재 상상을 뛰어넘는 속도로 고령화 사회로 질주하고 있기 때문이다.

노인들 중에는 살아있는 백과사전, 움직이는 스패너라 불릴 만큼 경험과 노하우를 잔뜩 축적하고 있는 사람이 많다. 그럼에도 우리나라에서는 전문 분야에서조차 나이가 들면 당연히 일을 그만둬야 한다는 인식이 강하다. 심지어 나이가 들어 실무를 담당하고 있으면 주위에서 이상하게 생각하는 경우가 많아 스스로 견디지 못하고 회사를 그만두기도 한다. 그러다 보니 외국처럼 해당 분야에서 지속적인 경험을 쌓아 넓고 깊게 볼 수 있는 기술자가 제몫을 다하기가 힘든 실정이다.

사실 노하우와 경험은 하루 이틀에 축적되는 것이 아니다. 적어도 한 분야에서 10년 이상 전력투구를 해봐야 아하 하고 뒷머리를 긁적거리게 된다. 더욱이 소프트웨어 분야처럼 태생적으로 외국 회사와의 글로벌 경쟁에서 이겨내야 하는 환경에서는 지식과 경험이 풍부한 전문가 집단이 반드시 필요하다.

이러한 필요성을 충족시키려면 전문가 스스로 노력하는 것도 중요하지만, 조직 차원에서 전문가가 전문가로서 계속 성장할 수 있도록 환경을 조성해야 한다.

안철수연구소는 이러한 필요성에 주목하고 있다. 무엇보다 A자형 인재로 바람직한 인재상을 명확히 제시하는 것에 머물지 않고, 인사제도 측면에서 도요타와 개념적으로 유사한 직종별 전문가 제도를 도입해 실행하고 있다.

현실적으로 좋은 인재를 선발하기 위해 애쓰는 것은 어느 기업이나 비슷하지만, 인재를 제대로 활용한다는 측면에서는 다소 차이가 있다. 좋은 인재를 선발하는 것과 그들을 잘 관리하고 적재적소에 투입해 인재가 회사 발전에 기여하도록 하는 것은 그 성질이 전혀 다르다.

인사팀장 성백민은 안철수연구소의 독특한 인사관리를 다음과 같이 설명한다.

"다양성을 존중합니다. 자기계발을 하고 자신의 다양성을 장점으로 끌어낼 수 있도록 배려를 해주죠."

영업 부서로 입사한 권영찬은 입사 3년 뒤부터 지금까지 컨설팅 업무를 담당하고 있다. 고객욕구를 계발하고 고객의 신뢰를 이끌어내기 위한 현장에서 열심히 뛰고 있는 그의 자부심은 매우 강하다.

"고객들은 안철수연구소의 브랜드 가치를 높게 보고 있습니다. 나아가 백신뿐 아니라 보안에 관해 많은 조언을 해주었으면 좋겠다는 바람을 내보이기도 합니다. 그러한 바람을 충족시킬 수 있을 때 고객은 우리 회사를 더욱 신뢰하게 되죠. 그래서 저는 가능성을 크게 봅니다. 할 수 있다는 비전을 가지고 일하는 거죠."

진윤정 역시 6년 동안 바이러스와 전쟁을 벌이다 인터넷사업팀으로 옮겼다.

"웹서비스 기획을 할 수 있다는 게 기쁘고, 무엇보다 필요한 역량을 키우기 위해 많은 노력을 할 수 있다는 것에 감사하죠."

안철수연구소는 직원들을 적재적소에 배치하는 일에 상당히 민감하다. 많은 기업이 외환위기 때 쏟아져 나온 우수 인재를 선발하는 데는 성공했지만, 그들을 훌륭하게 관리하는 데는 실패한 것과 대조적이다. 물론 여기에는 여러 가지 이유가 있다.

안철수연구소는 개발 중심 회사로 IT 기업에서 개발 인력이 잦은 이직률을 나타내는 주된 원인에 일찍부터 관심을 가졌다. 가장 큰 요인은 마음껏 개발 활동을 할 수 없는 환경에 있다.

지금까지도 개발자들이 국내 소프트웨어 기업에 입사하기를 꺼려하는 원인 중 하나는 개발 전문 인력으로 입사할지라도 시간이 흐르고 직급이 올라가면 자신의 뜻과 무관하게 연구 개발을 그만두고 관리직을 맡아야 하는, 즉 개발자 조로현상 때문이다. 관리와 행정사무를 달가워하지 않는 개발자들에게 이런 환경은 매우 불행한 일이다.

안철수연구소는 나이나 지위에 상관없이 개발 전문 인력으로서 자신의 경력을 쌓아갈 수 있는 환경 구축 및 지원에 주력하고 있다. 자신의 실력과 자질에 따라 원하는 분야에서 개발 업무를 담당하고, 이를 통해 회사에 기여하는 동시에 경력을 쌓게 하는 것이다. 대표적으로 개발 인력의 호칭과 직제를 개편하고 전문가 제도를 도입해 실력에 따라 그에 맞는 권한 및 직급을 부과한다.

또한 2008년 12월부터 자율적 연구개발 지원 제도인 'iQ'를 운영한다. 작은 아이디어(i)도 소중히 해 정식 프로젝트로 자격을 부여한다 Qualify는 뜻이며, 정해진 업무 외에 직원 스스로 참신한 연구개발 아이템을 기획하고 자율적으로 팀원을 구성해 프로젝트를 추진하도록 독려하는 제도이다. 즉, 신제품, 신기술(기능), 비즈니스 모델 등을 다양한 관점에서 보고, 업무 외 시간에도 열정을 발휘하는 구성원에게 동기부여를 하는 것이다. 연구개발 직군은 물론 사무 직군까지 안철수연구소 구성원이면 누구나 참여할 수 있다.

자율적으로 구성된 각 프로젝트는 주제와 관련된 실무 전문가가 조언을 하는 단계를 거쳐 최종 보고서를 2차에 걸쳐 심사한다. 사업성, 혁신성, 완성도 등을 평가해 인센티브를 제공한다. 성과물이 제품화할 경우 해당 프로젝트의 참여자가 개발에 참여할 수 있도록 조정하며 필요 시 인력을 추가 지원한다.

다른 한편으로 미래의 생존과 성장에 필요한 구성원의 자질 및 역량 강화를 목적으로 매년 2회 실시되는 전 사원 교육에 개발 분야의 대가를 초청해 임직원의 전문화를 통한 고른 경쟁력 향상을 도모한다. 안철수연구소가 매년 취업하고 싶은 기업 상위권에 손꼽히고 있는 이유가 여기에 있다. 실제로 2004년 상반기에 인재 채용을 할 때, 15명을 뽑는 과장급 이상 경력급 인재 채용에 무려 1,500명이 지원해 100대 1의 경쟁률을 보였다.

글로벌 기업으로 도약하려면 변화에 대한 신속한 예측과 대응, 연구 개발, 영업 마케팅 등 모든 경영 요소가 업그레이드되어야 한다. 첨단보다 더 첨단을 달려야 하는 분야에서 연구 개발 부문과 대등하게 중요한 분야는 바로 인력관리 부문이다. 빌 게이츠는 "우리 회사 최고의 직원 서른 명을 골라 다른 팀으로 보내면 그곳에 또 다른 마이크로소프트가 비상할 것이다"라고 말했다. 그만큼 인재의 가치를 높이 산다는 말이다. 인재에 대한 투자는 곧 미래의 성장 동력에 대한 투자이다.

A자형
인재양성 프로그램

가슴은 찌르르르, 볼은 화끈화끈

"어휴, 말도 마세요. 회계 강의를 들을 때는 기본적인 숫자조차 모르고 있었다는 사실이 부끄러워 얼굴이 화끈거렸어요."

회사가 주최하는 교육 프로그램에 참가했다가 자신의 부족함을 절절히 깨닫고 바늘에 콕콕 찔리는 듯한 아픔을 느낀 〈보안세상〉의 3기 기자 안형봉은 지금도 민망한지 고개를 숙였다.

"특히 서두칠 사장님이 하신 말씀은 마음을 뒤흔들 만큼 충격적이었죠. 그분이 안철수연구소에 실망했다고 하시더군요. 현재의 명성에 안주하며 이렇다할 성장을 이뤄내지 못한다고 질타를 하신 겁니다. 가슴이 찌르르 하면서 볼때기가 날아가도록 한 방 맞은 것처럼 정신이 번쩍 들었지요."

그는 자신의 부끄러움을 고백하면서 이렇게 소감문을 올렸다.

“우리는 현재를 질타하는 서두칠 사장님의 말씀에 모두 숙연해지고 말았습니다. CEO 안철수가 언제나 강조하던 위기의식이 멀리 있는 것으로 생각하고 있었음을, 역설적이게도 외부인의 질타를 통해 절감했습니다. 우리 회사의 주가도 잘 모른 채 경쟁사 분석만 하려 들었던, 또한 서로가 서로의 고뇌를 알지 못한 채 파티션 속에서만 살아온 우리. 돌아오는 차에서 내려 여의도에 몰아치는 강바람을 맞으며 뼈를 깎는 아픔이 있는 고된 한 해가 될 것임을 마음으로 느낍니다.”

안철수연구소의 핵심 가치에서 첫 번째로 꼽히는 것은 ‘우리는 모두 자신의 발전을 위해 끊임없이 노력한다’는 것이다. 이러한 의식을 기반으로 그들은 현재의 능력보다 자신의 발전을 위해 끊임없이 노력하는 마음자세를 더 중요하게 생각한다. 그러한 마음자세로부터 자신감이 싹튼다는 것을 믿기 때문이다. 어쩌면 그렇기 때문에 아무리 경영 환경이 어려워도 조직 구성원의 자기계발에 대한 투자를 아끼지 않는 것인지도 모른다.

안철수연구소의 교육 프로그램은 크게 다음의 네 가지로 나뉜다.

첫째, 신규 입사자를 위한 OJT_{On The Job Training} 교육이 있다. OJT의 목적은 신입사원과 경력사원, 즉 신규 입사자에게 직무에 필요한 지식과 기능(기술), 태도를 계획적·중점적으로 가르쳐 실질적인 직무에 몰입할 수 있는 실력을 배양시키는 데 있다. 일단 입사를 하면 업무(교육) 계획을 작성하고 매월 진행 상황을 주기적으로 평가함으로써 직무 수행 역량을 향상시키며, 3개월 후 최종 평가를 통해 잔류 여부를 결정한다.

둘째, 연초에 전 직원을 대상으로 연간 자기계발계획서를 작성하게 해 직원들이 전문 분야 지식과 기술을 습득하고, 신규 입사자가 체계적으로 교육을 받아 성장할 수 있도록 동기부여를 한다. 특이한 점은 팀원의 자기계발 목표 달성 여부를 평가해 본인이 아닌 관리자의 고과에 반영함으로써 관리자에게 인재 육성의 책임을 부여한다는 것이다.

셋째, 전 사원 역량 강화 교육을 실시한다. 이는 2004년 2월과 8월 두 차례에 걸친 전사적 역량 강화 교육에 이어 매년 발전적인 형태로 지속되고 있다. 2003년의 목표는 내부 프로세스 혁신 등을 통해 글로벌 보안 기업으로 성장하기 위한 준비를 하는 데 있었고, 2004년은 단순한 성장이 아닌 초과 성장에 목표를 두었다. 이를 위해서는 전 임직원의 프로화가 필수적이었다. 이에 따라 회사의 역사와 문화, 비전과 가치관을 비롯한 개발 · 관리 · 마케팅 영역의 기본을 다지는 교육이 이루어졌다.

이때 교육에 참여한 강사는 쓰러지기 일보 직전에 있던 기업을 최고의 기업으로 환골탈태시킨 서두칠 한국전기초자 전 사장, 미국 IT 전문지 〈컴퓨터월드〉가 선정한 '세계 100대 IT 리더' 김홍기 삼성SDS 고문, 1994년 〈타임〉지가 '차세대 리더 100인'으로 선정한 유일한 한국인 김진애 서울포럼 대표 등이다.

넷째, 실무 역량을 위한 교육을 진행한다. 이를 위해 안랩 세일스 스쿨, 기술 세미나 등을 통해 직무별 교육을 수시로 진행하고 있다.

맞춤 복지제도 실행

2005년 8월에 채택한 자율형 선택식 복지제도 아싸 ASSA AhnLab Self-Service Area 는 직원들이 자율적 판단과 책임에 따라 선택하고 사용한다는 특징이 있다. 직원들은 일정한 포인트로 부여된 충전식 복지카드로 학원 수강·문화생활 등의 자기계발 프로그램, 가족 여행·자녀 교육 등의 가정 친화 프로그램, 주택자금 대출 등의 생활 안정 프로그램을 스스로 선택해 자유롭게 활용할 수 있다.

아싸가 정착되기까지는 자기계발비 일괄지원제와 안랩 스쿨이라는 두 번의 전초 작업이 있었다.

자기계발비 일괄지원제는 1999년에 전년 대비 5배 가까이 매출이 성장하면서 2000년 들어 시행한 것이다. 이때 학원 수강료나 도서 구입비, 체력 단련비 등에 사용한 내역을 증명하는 자료를 제출하면 월 7만 원씩 지원했다.

이 제도를 개선해 2001년에 도입한 안랩 스쿨은 전 사원이 정기적으로 교육을 받음으로써 정보 보안 지식을 강화하고 다양한 분야를 접하고자 하는 학습 욕구를 충족시키려는 차원에서 기획되었다. 그 무렵에는 격주 토요 휴무제를 실시했는데 근무하는 토요일에 안랩 스쿨이 열렸다. 한 번은 사내 전문가들이 강의 자료를 직접 준비해 발표하는 정보 보안 강의를, 또 한 번은 외부강사를 초청한 교양 강의를 실시했다. 강의를 들은 직원에게는 그 횟수만큼 도서상품권을 줌으로써 자기계발에 재투자하게 했다.

이때 초청된 외부강사는 정문술 미래산업 회장, 방열 전 국가대표 농구 감독이자 경원대 교수, 김경섭 한국리더십센터 대표 등이었다.

2001년, 안철수연구소의 인사 전력 컨설팅에서 조직 구성원의 성향 분석을 위해 설문조사를 한 적이 있다. 그 결과 물질적인 가치보다 정신적 가치를 더 중요시하고 학습 욕구가 매우 강하다는 특징이 나타났다. 안철수연구소의 복지제도는 이러한 분석 결과를 반영해 구성원들이 최대한 만족할 수 있도록 지속적으로 업그레이드되고 있다.

그 대표적인 것이 아하 AHA AhnLab Honor Academy 로, 2006년 8월부터 실시된 이 제도는 각 구성원의 직급과 직무, 역할, 책임에 따라 맞춤형으로 설계된 교육 프로그램이다.

괴짜 신입의 좌충우돌 적응기

신입공채 1기 안병무는 통계학과 출신으로 영화 제작사에서 제작부장까지 했었던 독특한 이력이 있다. 전공을 살리고자 이직을 결심하고 안철수연구소의 문들 두들겼으나 몇 번의 고배를 마신 끝에 어렵사리 기술지원팀에 입사할 수 있었다.

그런데 이게 웬일인가? 신입 교육을 마치고 출근한 첫 날, 안병무는 도저히 딱 벌어진 입을 다물 수가 없었다. 자신이 맡은 업무가 기술지원팀인 건 맞는데 그것이 국내가 아니고 해외였던 것이다. 자신과 면접을 봤던 곽영욱의 자리엔 크고 진한 글씨로 이렇게 적혀 있었다. 해 · 외 · 사 · 업 · 팀. 오마이갓!

영어? 그다지 쓸 기회가 없었다. 아니, 그 근처에도 가보지 않았고 필요성도 느끼지 못했었다. 그런데 해외업무라니?

더구나 그를 더욱 큰 나락으로 떨어뜨린 건 그의 직속 상사 심송구 과장이었다. 어찌된 일인지 퇴근하는 걸 볼 수가 없었다. 안병무는 뭘 잘못 봤나 싶어 눈을 씻고 보고 또 봤다. 하지만 심송구는 일주일째 절대 퇴근한 적이 없다. 이게 대체 무슨 일이란 말인가.

안병무는 입사한 지 한참만에야 그 이유를 알 수 있었다. 심송구는 낮에는 이메일과 MS 메신저를 통해 소통을 하며 동남아 쪽 고객사를 지원하고 있었고, 밤에는 멕시코와 미국, 브라질 쪽의 고객사를 지원했던 것이다.(관제 업무가 아니라 제품 지원임) 우리와 시차가 다른 지구 끝 고객을 위해 밤에도 퇴근할 수가 없었던 것이다.

안병무의 고민은 깊을 수밖에 없었다. 확 때려 쳐, 말아? 하지만 그런 고민은 오래 가지 않았다. 심송구 역시 자신과 같은 통계학 전공자였고, 영어사전을 옆에 끼고 찾고 공부해가며 해외 업무를 담당하고 있다는 사실을 깨달았기 때문이다. 그 사실을 안 이상 안병무로선 포기할 수가 없었다. 오기 아닌 오기가 생겨났다.

문제는 심송구와 함께 간 첫 해외 출장길에서였다. 일도 끝나지 않았고, 언어 소통도 원활하지 않은 안병무를 해외에 남겨둔 채 심송구가 사라져버린 것이다. 뒤늦게 심송구가 자신만 남겨둔 채 귀국해버렸다는 것을 알게 된 안병무는 눈물을 삼켜야 했다.

"철저히 버려졌죠. 처음엔 너무 두려웠어요. 그런데 절실해지니까 못할 게 없더라고요. 온몸을 던져 나머지 업무를 마치고 돌아왔어요. 해외에서 버려지는 거… 스릴 있던 걸요!"

안병무는 나름 믿는 구석이 있었다. 심송구가 아무런 이유도 없이 자신을 해외에 버린 게 아닌 걸 알고 있었고, 그런 혹독한 도전이 있었기에 누구보다 빠르게 벤처 회사에서 응전할 실력을 갖출 수 있게 되었다.

그래서일까. 예전 안병무는 업무를 익히느라 눈코 뜰 새가 없었다면 이제는 업무를 처리하느라 눈코 뜰 새가 없다.

어느 주말 저녁, 인도네시아의 관공서가 해킹을 당했다. 친구와 약속이 있던 안병무는 즉시 약속을 취소하고 사무실에서 대기하게 됐다. 그러자 그의 친구가 그런 말을 하더란다.

"인도네시아 관공서가 해킹 당했는데 대한민국에 있는 네가 왜 바쁘냐?"

안병무는 웃으면서 조용히 이렇게 말했다.

"대외비다, 왜!"

365일 스탠바이,
민간 사이버수사대

스스로 대안책을 찾으라

안철수연구소의 ASEC(시큐리티대응센터)과 CERT(침해사고대응센터)에는 밤이 없다. 국경을 초월해 실시간으로 확산되는 해킹 및 악성 프로그램의 피해를 최단 시간 내에 차단하기 위해서는 언제나 두 눈 부릅뜨고 세상을 지켜보아야 하기 때문이다. 이들의 임무 중에서 가장 중요한 것은 신종 및 구형 바이러스를 분석하고 신속한 대응책을 마련해 고객에게 제공하는 것이다. 이를 위해 온갖 컴퓨터 바이러스의 움직임을 24시간 모니터링한다. 그러다가 소위 '상황'이 발생하면 바이러스 정보를 작성해 배포하고 대응책을 마련한다.

연중 하루 한 시간도 쉬지 않고 돌아가는 ASEC과 CERT는 명절이나 연휴가 되면 긴장의 수위가 한층 높아진다. 또한 상황의 심각성에 따라 단계별로 알파팀 → 베타팀 → 전 사원이 출동하는 대응

체계가 가동된다. 그런데 CERT 조직이 보안 서비스 기업인 안랩코코넛의 M&A로 어느 정도 시스템이 갖춰진 상태에서 합류한 데 반해 ASEC은 처음부터 이런 대응 체계를 갖췄던 것은 아니다. 바이러스가 급속히 퍼지는 환경이 아니었을 때는 주 1회 정기 업데이트만으로도 충분히 대응할 수 있었다.

그러나 이메일로 자동 발송되는 웜이 증가하면서 대응 방식에 완전한 변화가 찾아들었다. 그 과도기에 활약했던 조직이 1999년 12월 29일 바이러스에 감염된 백신이 일부 고객에게 제공된 사건이 발생한 직후 조직된 '가상 태스크포스팀'이다. 이때 신종 바이러스가 발생하면 어떤 업무보다 최우선적으로 그 문제를 해결한다는 방침을 정하고 바이러스 분석, 백신 엔진 개발, 고객지원, 대외 커뮤니케이션 등 주요 관련 부서에서 한 명씩 팀원을 배정했다. 하지만 상시 조직이 아니라 유사시에만 모이는 임시 조직이라 기동성이나 대응 수위에 한계가 있을 수밖에 없었다.

특히 2001년 9월 님다가 급속히 확산되면서 그 한계가 뚜렷하게 드러났다. 님다는 이메일에 첨부된 'readme.exe' 파일을 열 경우 감염되고 PC에 저장된 이메일 주소로 자동 발송됐다. 감염된 PC가 기업 네트워크에 연결된 경우에는 네트워크를 통해서도 전파되었는데, 원래 연결되어 있지 않던 드라이브까지 강제로 연결해 전파를 용이하게 했다. 더욱이 님다는 보안 취약점이 있는 웹서버까지 감염시켜 기업에게 치명적이었다.

당시 다른 경쟁 업체는 님다가 유포되고 있는 상황을 빠르게 포착해 백신 엔진을 긴급 개발했지만, 안철수연구소는 한 발 늦게 대응해 고객의 불만을 사는 상황에 빠져버렸다. 그런데 얼마 후 모 그룹사에서 백신 제품을 도입하기 위해 여러 제품을 테스트한 결과 경쟁사의 제품이 님다를 완벽하게 치료하지 못하는 것으로 나타났다. 이때 신속성이 우선이냐 완벽한 치료가 우선이냐로 논란이 있었지만 어쨌든 안철수연구소가 대응 체계를 강화해야 한다는 것은 피할 수 없는 과제였다.

그러한 우여곡절 끝에 탄생한 것이 ASEC이다. 이 센터는 24시간 상시 대응을 위해 3교대 근무제로 운영되고 있으며, 대응 프로세스를 자동화해 SAB Security Alert Board 체제를 구축했다. 또한 정보 수집과 교류를 위해 국내는 물론 세계 주요 보안기관과 긴밀한 공조체제를 유지하고 있다. 특히 일본과 중국 정부에 정보를 실시간으로 제공하고 있으며, 이들 나라는 자국의 보안 업체나 기관만큼이나 안철수연구소의 우수한 대응력을 신뢰하고 있다. 민간 업체가 정보 보안 베세토(베이징-서울-도쿄) 라인을 구축한 셈이다.

휴일 반납은 기본, 야근은 필수

"소개팅? 좋아. 3시? 긴급 대응만 없으면 냉큼 달려갈게."

2003년 1월 25일, 차민석은 일주일 전에 생애 처음으로 친구가 주선한 소개팅에 나갈 결심을 했다. 성격은 호떡집에 불난 듯 급하고 말은 속사포인데다 영화광에 뮤지컬 광팬인 그는 얼마 전부터 신해철 팬질까지 해대고 있었다. 그러다 보니 굳이 여자친구의 필요성을 느끼지 못했다. 소개팅에 그리 흥미가 있었던 것은 아니지만, 그날은 왠지 친구의 성의를 거절하기가 싫었다.

나름대로 한껏 멋을 부린 그가 소개팅 시간을 기다리며 몇 번이나 시계를 들여다보고 있는데, 갑자기 사무실 전화가 신경질적으로 울어댔다. 무언가 좋지 않은 느낌이 들면서 혹시 하는 생각이 들었다. 총알 같이 튀어나갈 준비를 마친 오후 2시 30분이었다.

"헉, 긴급 대응인데요. 인터넷 마비래요!"

"그러면 그렇지, 내 팔자에 소개팅은 무슨 소개팅!"

밤샘 작업이 시작됐다. 안철수연구소는 현장 보고와 내부 연구 분석을 바탕으로 마이크로소프트 SQL 서버의 취약점을 공격하는 웜에 의한 사고라는 1차 결론을 내렸고, 추가 분석 작업을 거쳐 최종적으로 같은 결론을 내렸다. 이들은 그 결과를 사내외 관계자에게 통보한 다음 이튿날까지 분석 작업에 매달렸다.

1·25 인터넷 대란으로 불리는 그날의 사건은 겨우 200자 원고지 한 장의 데이터도 되지 않을 만큼 작은 크기의 SQL 오버플로 웜 혹은 슬래머 웜 때문에 발생했다. 하지만 그 녀석은 우리나라 전역의 모든 인터넷망을 9시간이나 마비시켰다. 세계 제일의 초고속 인터넷을 갖춘 것과 대조적으로 컴퓨터 바이러스에 대한 대비책이나 정보 보호를 소홀히 한 안전 불감증에서 비롯된 안타까운 사건이었다.

안철수연구소의 시큐리티대응센터는 때와 장소를 가리지 않는 사고 때문에 하루도 불이 꺼진 적이 없다. 사고가 없을 때는 예방

차원에서 스탠바이를 한다. 사실 시큐리티대응센터의 컴퓨터 보안 전문가들은 휴일 반납은 기본에다 야근을 밥 먹듯이 하고 있다. 설령 운이 좋아 퇴근을 할지라도 회사로부터 두 시간 내의 거리에 있어야 한다. 절대 휴대전화를 꺼놓지 않는 것은 기본이다. 언제 사고가 터질지 알 수 없기 때문이다.

"긴급 사태가 발생하면 몸도 마음도 힘들지요. 하지만 악성코드를 유포해 범죄를 저지르는 사람들을 그대로 둘 순 없습니다. 분석하고 해결할 실마리를 찾아야죠. 시스템을 샅샅이 뒤져 이미 저지른 범죄의 흔적을 찾아냅니다. 예를 들어 누군가 내 주민등록번호나 전화번호, 신용카드 번호 같은 개인 정보를 유출하려 한다면 어떨까요? 내가 즐겨 찾는 사이트와 인터넷 구매 목록 같은 사소한 생활까지 고스란히 공개된다면 화가 나지 않겠습니까? 생각만 해도 진땀나는 이 상황을 누군가는 대비하고 수습해야지요."

시큐리티대응센터의 악성코드 전문가 한창규는 자신을 일벌레 보듯 하는 사람들의 시선에 아랑곳하지 않는다.

"진땀을 흘리며 바이러스와 전쟁을 치른 뒤의 성취감, 바로 그 맛에 악성코드를 잡습니다!"

짜릿한 성취감 하나를 얻기 위해 시큐리티대응센터 사람들은 일반인이 추구하는 많은 것을 내려놓는다. 문제해결의 선봉에 선 자신이 어떤 자질을 갖춰야 하는지 잘 알고 있기 때문이다.

사실 악성코드를 유포하는 사람은 그 목표가 뚜렷하지만, 이를 해결해야 하는 보안 전문가는 그 의도와 목표를 알아내기 위해 단순한 작업을 수십에서 수백 번이나 반복해야 한다. 그만큼 포기하고 싶은 유혹을 견딜 만한 인내심이 있어야 한다. 나아가 점점 더 교묘해지는 악성코드를 찾기 위한 끝없는 학구열과 남다른 도덕성도 겸비해야 한다. 범죄를 막는 일을 하다 보니 다양한 범죄 수법을 많이 알고 있기 때문이다. '해커와 보안 전문가는 종이 한 장 차이'라는 말이 그것을 단적으로 보여준다.

그중 어떤 것도 쉬운 게 없다. 그럼에도 그들은 365일, 24시간 내내 불을 밝히고 바이러스에 맞선다.

"사건의 실마리를 찾아내는 사이버수사대잖아요. 아무나 할 수 없는…."

세 상 에 서 가 장 안 전 한 이 름 안 철 수 연 구 소

THE SAFEST NAME IN THE WORLD

06

불가능, 그것은 도전이다

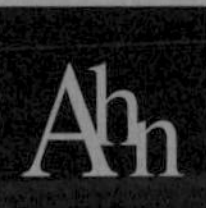

보안 리더의
자존심

"핵쉴드 솔루션에 대해 도와주실 분! 핵쉴드 때문에 팡야(골프 게임)를 해킹할 수 없네요. 누가 좀 도와주세요!"

온라인 게임이 인기를 끌고 있는 해외 게임 관련 게시판에서는 간혹 게임 해킹을 시도하다 실패한 이들이 하소연하는 글을 발견할 수 있다. 이는 게임 해킹으로 금전적 이득을 얻고자 하는 해커들의 활동을 핵쉴드가 무력화하고 있음을 입증한다. 사실 해커들은 핵쉴드를 자신의 목적을 달성하기 위해 반드시 뚫어야 할 철옹성으로 인식하고 있다.

온라인 게임에서 우리나라는 자타가 공인하는 최강자이다. 만약 게임 유전자라는 게 있다면 그 유전자 발달 정도에서 한민족을 따라올 민족은 없을 것이다. 덕분에 우리나라 온라인 게임 산업은 하루가 다르게 성장하고 있다.

문제는 온라인 게임 산업의 성장과 함께 온라인 게임에 대한 해킹 기법 역시 크게 발전해 전문화 수준에 이르렀다는 점이다. 오랜 시간과 정성을 들여 개발한 게임을 수많은 크래커들이 분석해 악의적인 프로그램으로 변화시켜 개발하는 사람이 늘고 있다는 얘기다. 지금 이 순간에도 게임 회사는 이런 문제에 대처하기 위해 많은 비용과 시간을 낭비하고 있다.

그러한 노력에 도움을 주기 위해 안철수연구소가 개발한 것이 바로 '핵쉴드'이다. 이 프로그램은 온라인 게임을 정상적이고 안전하게 이용할 수 있도록 도와주는 실시간 해킹 감지 및 차단 제품이다. 이 제품이 탄생하기까지는 여러 가지로 우여곡절이 많았다.

"과연 수익성이 있을까? 비용 대비 효과가 얼마나 되겠어?"

온라인 게임 보안 솔루션 개발 관련 회의실에서는 연일 격론이 펼쳐졌다. 지금이야 핵쉴드가 온라인 게임 종주국이라는 위상에 걸맞게 보안에서도 선도적 위치에 있는 혁신 제품으로 자리를 잡았지만 당시에는 과연 사업성이 있을지 내부에서도 논란이 적지 않았다.

결국 시장성에 대한 치열한 논의와 함께 게임 보안의 필요성을 장기간 검토하고 잠재고객의 요구를 분석한 끝에 핵쉴드 개발에 착수했다. 보안 문제에 시달리던 게임 업체들은 큰 관심을 보였지만 개발 계획을 조율하던 제품 기획자가 갑자기 도중에 퇴사하는 등 개발 과정이 순탄치 않았다.

2004년 8월부터 제품 기획을 맡은 이호웅은 2006년 1월 핵쉴드를 출시하기까지 그야말로 파란만장한 시간을 보냈다. 제품을 출시하기 위해 내·외적 환경에 맞서 쌈닭이 되어야 했던 그때를 회상하는 그에게서 기대와 한숨이 동시에 묻어나왔다.

"핵쉴드는 우리가 이전에 개발해본 적이 없는 새로운 형태의 솔루션입니다. 그러다 보니 개발 과정에서부터 서비스 방식, 고객지원까지 모든 단계에서 고민과 시행착오를 거듭해야 했죠."

이호웅을 비롯해 정덕영, 고항훈, 김희준, 박희안, 김순군 등 많은 개발자가 게임 보안의 새로운 역사를 만들기 위해 올빼미 생활을 마다하지 않았다. 한 개발자는 해커의 끊임없는 공격과 그에 대한 방어가 가장 힘든 부분이었다고 털어놓았다.

"핵쉴드 개발은 유달리 난이도가 높았어요. '해커는 무슨 일이든 다 할 수 있다'는 전제를 가지고 개발에 임해야 하니까요. 끊임없는 이 싸움은 곧 시간과 비용과의 싸움을 의미하기도 했죠. 또한 새롭게 등장하는 게임 해킹 툴을 왜 막아야 하느냐는 자조 섞인 내부의 불만과도 싸워야 했습니다."

지금 이 순간에도 해커들은 안철수연구소의 핵쉴드를 뚫기 위해 온갖 시도를 다하고 있다. 그뿐 아니라 게임 업체가 핵쉴드를 내리도록 하기 위해 핵쉴드 때문에 게임이 제대로 돌아가지 않는다는 음해와 비방을 조직적으로 게임 게시판에 올리기도 한다. 이 방패와 창의 싸움은 지금도 계속되고 있다.

우리는 업무 시간에 게임한다

"근무 중에 게임을 해?"

"아, 진짜. 이게 내 일이라니까!"

평일 오후 2시 안철수연구소의 모든 직원이 업무에 집중하는 시간, 한쪽에서 몇몇 개발자가 모여 무언가를 하고 있었다. 그런데 흥미롭게도 한 직원이 컴퓨터에 띄운 것은 온라인 게임 화면이었다. 근무 중에 게임이라니? 이게 웬일이야?

그들이 게임에 열중하는 것은 업무의 하나이다. 국내외 게임 보안을 책임지는 핵쉴드 개발자들이기 때문이다. 다른 부서 직원들은 근무 시간에 마음껏 게임을 즐길 수 있어서 좋겠다고 농담 반 진담 반으로 얘기하기도 한다. 그러나 천만의 말씀이다. 직접 게임을 하며 온라인 게임에 탑재된 핵쉴드가 돌아가는 동안 해당 게임이 정상적으로 작동하는지, 다른 보안의 문제점은 없는지, 또한 게임 이용자가 악의적인 해킹 툴을 이용해 게임을 해킹하거나 변칙 플레이를 하지 않는지를 끊임없이 살펴야 한다. 그러기에 개발자들의 표정은 한없이 진지하다.

남성훈은 게임 이용자가 늘면서 보안의 필요성도 높아지고 있다고 강조했다.

"온라인 게임의 인기가 높아지고 게임 머니나 아이템이 현금 가치를 지닐수록 안전한 게임 환경을 유지시켜주는 보안의 필요성도 높아만 갑니다."

게임 이용자가 늘면 늘수록 일도 덩달아 많아질 수밖에 없다. 더욱이 점점 교묘해지는 게임 해커들의 수법과 변칙 플레이를 막기 위해 꼼꼼하게 게임을 모니터링하고 그 결과를 개발에 적용해야 하기 때문에 게임이 그냥 게임이 아니다. 그래서 안철수연구소의 게임 세상 지킴이들은 오늘도 열심히 게임을 한다.

해커와의 한판 승부는 국내외를 가리지 않는다. 이미 안철수연구소는 국내 게임 기업들과 손잡고 일본, 인도네시아, 말레이시아 등 아시아를 넘어 브라질, 미국, 유럽 등지에까지 진출했고 국내외 20개 이상의 유명 게임 기업에 핵쉴드를 공급한다. 핵쉴드를 공급받은 외국 업체의 만족도는 대단히 높은 편이다. 실제로 변칙 플레이와 해킹이 기승을 부려 고심하던 현지 기업들은 핵쉴드 덕을 톡톡히 보고 있다. 해외사업팀 곽영욱은 그러한 만족감에서 오는 뿌듯함을 이렇게 전해주었다.

"핵쉴드가 도입된 뒤 외국의 게임 이용자들이 공정하고 안전해진 게임 환경에 매우 만족하며 감사를 표시합니다. 세계적인 게임 기업이 핵쉴드를 통해 게임 환경이 개선되고 가입자 수도 늘었다며 고마워할 때는 말할 수 없이 기쁘죠."

그러나 해커와의 전쟁은 늘 현재진행형이다. 잠시라도 방심을 했다가는 구멍이 뻥뻥 뚫릴 수 있기에 개발자들은 모니터에서 잠시도 눈을 떼지 못한다. 남성훈이 한마디를 덧붙였다.

"철통보안이란 말은 없습니다. 세계 각지의 해커들이 목숨 걸고 뚫기 위해 애쓰는 데 뚫리지 않겠습니까? 얼마나 해킹을 억제해 늦게 뚫리게 하느냐가 관건이죠. 도둑은 담을 넘겠지만 그야말로 뼈

빠지게 고생한 끝에 겨우 넘는 겁니다. 그게 우리의 목표죠.”

도둑을 막는 쪽은 문을 잠그고 창문과 지붕까지 단속해야 하지만 도둑인 해커는 오로지 해킹 한 가지만 한다. 그것이 범죄인지 까마득히 잊은 채 말이다.

어쨌든 안철수연구소의 핵쉴드 개발자들은 해커들이 두 손을 들 때까지 기어이 끝장을 보고야 만다. 한 번은 어처구니없는 일도 벌어졌다. 핵쉴드의 고객사인 중국 게임 업체에 오랫동안 해킹 툴이 넘어오지 않자 핵쉴드 개발자들은 완벽히 해커들을 막은 줄 알았다. 그래서 게임사에 당당하게 “우리가 막았다”라고 말했으나 게임사 측의 답변은 의외였다. 자신들이 막았다는 것이었다. “어떻게?”라고 묻기도 전에 그들은 엽기적인 말을 쏟아냈다.

“접수했어요. 조폭들 시켜서 해커 본거지를 깨끗이 쓸었죠.”

해커들이 사장은 물론 기획자와 영업자까지 두고 활개를 치는 중국의 실상을 한눈에 보여준 사건이었다.

대문 자체를 열 수 없게 하라

핵쉴드의 주요 기능은 온라인 게임 프로그램의 메모리를 보호하고 해킹을 방어하는 것이다. 2008년 1월, 안철수연구소는 이 주요 기능을 토대로 온라인 통합 보안 서비스인 ‘안랩 온라인 시큐리티 AhnLab Online Security: AOS’를 출시했다. AOS의 강점은 기존의 키보드 보안, 방화벽, 안티-바이러스/스파이웨어 기능을 통합한 것으로 단

한번만 설치하면 모든 보안 기능을 이용할 수 있다는 점이다. 사용자들은 이제까지 온라인뱅킹을 이용할 때 서너 가지의 보안 서비스를 따로 내려 받아야 했다. 그러나 AOS는 한 번만 설치하면 되기 때문에 번거로운 수고를 덜 수 있다.

또한 은행이나 증권사 등의 금융권을 비롯해 온라인 게임, 쇼핑몰 등 수많은 금전거래가 이루어지는 웹사이트에서 해킹, 정보 유출 등을 방지해 사용자의 정보를 보호해준다. 이처럼 세계에서 처음으로 인터넷뱅킹을 위한 전용 보안 브라우저를 개발해 AOS 라인업에 추가했다.

기존의 해킹은 아이디와 패스워드를 입력해 발급받은 인증서를 가로 채 고객 계좌의 돈을 인출해가던 수법이었다면, 요즘은 고객 컴퓨터의 메모리에 침투를 한다. 메모리의 계좌와 금액을 조작하는 방식으로 돈을 빼돌리지만 화면으로는 정상적인 계좌이체를 한 것으로 버젓이 성공했다는 메시지까지 띄운다. 그래서 핵쉴드의 기능을 활용해 인터넷뱅킹을 보호하면 어떨까 해서 만들어진 것이 '보안 브라우저'이다.

우리나라의 온라인 금융 거래는 세계적으로 가장 활성화되어 있기에 금전적 이득을 노리는 해커들의 주요 타깃이다. 이에 따라 보안 위협도 더욱 고도화되고 있지만 컴퓨터의 메모리를 해킹하거나 키보드로 입력하는 정보를 해킹하는 것은 일반 사용자가 감지할 수 없어 자신도 모르게 통장 잔고가 바닥나는 등의 사고를 당할 수밖에 없다.

기존에는 해킹 차단을 위해 PC와 은행(증권사, 쇼핑몰 등)의 서버 사이를 오가는 데이터를 암호화하는 방식이 주로 쓰였다. 하지만 이 방식은 암호화되기 전에 이루어지는 해킹은 막지를 못한다. 이 것은 문은 활짝 열어둔 채 금고만 숨기는 것이라 할 수 있다. 반면 보안 브라우저는 금융 거래가 보안 브라우저 안에서 이루어지게 함으로써 해킹 자체를 차단해준다. 금고만 숨기는 게 아니라 대문 자체를 열 수 없게 하는 것이다.

경쟁우위 선점을 위한 첫걸음

2004년 무렵, 신종 웜의 유입 경로는 이메일이 70퍼센트를 차지했고 나머지는 네트워크의 취약점을 이용한 공격이었다. 또한 스파이웨어 신고 건수가 전년 대비 27.8배(2004. 1~2005. 1)나 증가해, 웜과 스파이웨어는 각 기업을 위협하는 커다란 위험 요소로 등장했다.

이처럼 보안 환경이 위협적으로 급변하는 상황에서도 신종 웜과 스파이웨어에 효과적으로 대응할 수 있는 탁월한 네트워크 보안 장비는 찾아보기 어려웠다. 방화벽과 침입탐지방지시스템에 주력하는 동시에 악성코드를 분석하고 대응 능력을 갖추는 것이 까다로운 일이었기 때문이다. 물론 1년 내내 전 세계의 악성코드와 스파이웨어 정보를 수집, 분석, 대응하는 시스템을 갖춘 안철수연구소에게는 오히려 그것이 적합한 사업 모델이 될 수 있었다.

그러나 아무리 시장의 요구가 있을지라도 안철수연구소가 네트워크 보안 시장에 출사표를 던지는 것은 쉽지 않은 선택이었다. 그때까지 줄곧 V3 중심의 백신 소프트웨어 개발에 집중해왔고, 무엇보다 네트워크 보안 시장은 이미 선발주자들이 장악한 상태였기 때문이었다. 거대 외국 기업의 공세는 갈수록 거세졌고 여기에 네트워크 사업에 대한 안팎의 부정적인 시각도 만만치 않았다.

그러한 상황에서 2005년 7월 19일, 웜/스파이웨어 차단 전문 네트워크 보안 솔루션인 '트러스가드 SCM'이 세상에 모습을 드러냈다. 그것은 소프트웨어 기업의 자존심인 기술력과 하드웨어 기업이 갖춰야 할 규모가 결합되어 탄생한 작품이다.

트러스가드 SCM의 출시를 발표하는 날 CEO 김철수는 방송, 일간지, IT 전문지, 온라인 매체 등의 집중 조명을 받았다. 그토록 주목을 받은 이유는 트러스가드 SCM을 신임 사장의 경영 능력을 검증할 수 있는 잣대로 보았기 때문이다. 그러나 이미 먼 곳을 내다보고 있던 안철수연구소에게는 그다지 중요하지 않았다. 아직 갈 길이 멀었기 때문이었다.

2006년 10월, 김철수에 이어 3대 CEO에 오른 오석주는 그해 말 네트워크 보안 어플라이언스 분야에서 국내 최고 수준의 기술력 및 제품력을 갖춘 유니포인트 보안 사업 부문을 인수했다. 외산 제품이 차지하고 있는 네트워크 보안 시장을 단박에 재편할 수 있는 역량과 다양한 국산 솔루션을 보유하고 새 강자로 도약하기 위한 시도였다. 당시 유니포인트 보안 사업 부문의 기술고문으로 영입돼 현재 CEO를 맡고 있는 보안 1세대 김홍선은 이렇게 말했다.

"현재 보안 시장은 복합적인 환경으로 변해가고 있습니다. 그런 의미에서 PC 보안과 네트워크 보안을 동시에 구축한 것은 경쟁력에서 우위를 점하고, 역동적인 기업으로 변화하기 시작했음을 의미합니다."

2007년 5월, 안철수연구소는 차세대 전략 제품인 트러스가드 UTM(통합보안장비)을 출시해 네트워크 보안 장비 시장에 안착했다. UTM의 강점은 보안 콘텐츠 기술과 네트워크 보안 기술, 실시간 긴급 대응 체계의 세 요소가 긴밀하게 결합해 탁월한 시너지를 내는 것이다. 이를 통해 안철수연구소는 안티바이러스 · 스파이웨어 · 스팸 등의 보안 콘텐츠 기술과 방화벽 · IPS · VPN 등의 네트워크 보안 기술, 365일 24시간 실시간 예방과 대응 서비스가 화학적으로 결합돼 동종 제품 가운데 가장 빠른 속도와 효율성을 제공하는 제품을 보유했다.

또한 2007년 말에는 보안 컨설팅과 보안 관제 서비스를 제공하는 관계사인 안랩코코넛을 합병했다. 이로써 안철수연구소는 네트워크 보안 분야와 보안 관계 서비스 분야를 신성장 동력으로 확보했고 컨설팅, 솔루션, 관제 등 시큐리티 라이프사이클을 관리하는 통합 보안 기업의 면모를 갖추었다.

또 다른 도전,
아름다운 퇴장

쉽 지 않 은 선 택

"회사의 모든 일에서 완전히 떠납니다."

2005년 3월 18일. CEO 안철수는 이 짧은 한마디로 수많은 사람들에게 커다란 충격을 안겨주었다. 그날 안철수연구소는 창립 10주년을 맞아 기자간담회가 예정돼 있었다. 그 자리에 모인 기자들은 안철수가 CEO에서 물러난다는 청천벽력 같은 발표에 아연실색하지 않을 수 없었다. 10주년 행사로만 알고 편한 마음으로 참석한 기자들은 일제히 언론사 데스크를 향해 기사를 전송하느라 정신이 없었다.

사실 그날의 행사는 한 달 전부터 준비된 것이었다. 이미 부사장 김철수를 비롯해 김현숙, 김기인, 박근우는 이 사실을 안철수로부터 통보받은 상태였다. 그러나 코스닥 상장 기업으로서 중대한 경영상의 변화는 극비 사항이기 때문에 누구에게도 발설해서는 안 되는 것이었다.

이미 수년 전부터 안철수가 적합한 사람에게 CEO 자리를 넘길 것이라는 얘기는 심심치 않게 나오고 있었다. 그의 이러한 결심이 눈에 띄게 두드러진 것은 2004년 초부터였다. 그동안 CEO와 COO(최고운영책임자)의 역할 분담으로 이뤄지던 경영시스템이 COO인 김철수에게 집중되었던 것이다.

일부 예민한 직원은 이러한 변화를 감지하고 있었다. 그러나 그때까지만 해도 안철수는 언제 물러날 것인지에 대해 아무에게도 얘기하지 않았다.

2005년 2월, 그의 행동은 두드러지게 달라졌다. 어느 날 안철수의 부름을 받은 박근우는 기상천외한 이야기를 듣게 되었다.

"CEO를 사임할 겁니다. 준비해주세요."

대외 커뮤니케이션을 맡고 있던 박근우는 안철수가 모든 일에서 손을 떼리라고는 상상조차 하지 못했기에 이렇게 되물었다.

"그러면 회장님이 되시는 건가요?"

안철수는 빙그레 웃으며 조용히 말했다.

"아무것도 맡지 않습니다."

창업자가 회사의 모든 일에서 완전히 떠난다는 말은 박근우에게 커다란 충격을 안겨주었다. 충격을 받기는 김철수도 마찬가지였다. 박근우는 당시 오랫동안 꼼꼼하게 퇴임을 준비한 안철수의 모습을 떠올리며 이렇게 말했다.

"사장님이 결심을 굳힌 후에도 1년 넘게 비밀리에 CEO 사임을 준비해온 것이 믿어지지 않았습니다. CEO실로 불려가 사임한다는 얘기를 들었을 때 '드디어 올 것이 왔구나' 생각했죠. 제가 받은 충격도 컸지만 회사 안팎으로 어떻게 충격을 최소화할 것인지를 내내 생각했습니다."

CEO의 사임 발표는 극비리에 진행되었다. 안철수는 기자간담회 이틀 전날 밤에야 〈10주년에 즈음하여〉라는 사임사를 보낼 정도로 보안에 신경을 썼다.

당초 3월 14일로 예정된 창립 10주년 행사도 3월 18일로 일정을 변경했고 이날 공시, 언론사 발표, 사내 발표 등을 모두 오전 11시에 맞춰 진행했다. 대내외 발표를 담당하는 해당 직원도 당일 발표 직전에야 알 정도로 비밀은 완전하게 지켜졌다.

전날 통보를 받은 황미경 외에 류동수, 이은정은 물론 임지선도 마찬가지였다. 이날 발표회장에서는 술렁거림과 긴장이 교차했다. 같은 시각, 그 사실을 이메일로 전달받은 직원들은 잠시 충격을 받았지만 이내 의연한 자세로 돌아왔다.

기자 간담회를 마친 안철수는 사무실을 돌며 직원들과 일일이 악수를 했다. 직원들은 공부를 위해 떠날 것이라는 안철수를 오히려 축하하며 포옹을 하고 함께 사진을 찍었다.

그리고 3월 23일, 안철수는 공부를 하기 위해 미국으로 떠났다. 1988년 V3 개발로부터 시작해 1995년 회사 설립, 2005년 퇴임 때까지 17년 동안 굳건히 자리를 지킨 창업자가 홀연히 회사를 떠난 것이다. 모든 언론은 안철수의 CEO 퇴임을 하나같이 '아름다운 퇴장'으로 기록했다.

| 안철수 전 사장의 퇴임사 |

안철수연구소 창립 10주년을 맞이하며

오랜 산고를 겪고 세상에 태어난 안철수연구소가 이제 열 돌을 맞이하게 되었습니다. 기업의 5년 생존 확률이 10퍼센트 정도이니 10년 생존 확률은 1퍼센트일 테고, 벤처기업의 생존 확률을 일반 기업의 10분의 1 이하로 본다면 0.1퍼센트도 안 되는 확률을 뚫고 살아남은 셈입니다. 안철수연구소가 이렇게 살아남고 자리 잡기까지는 저와 임직원들의 노력뿐 아니라 저희를 지켜보고 격려해주신 많은 분들의 도움이 있었기에 가능한 일이었다고 생각하며, 이 자리를 빌려 진심으로 감사의 말씀을 드립니다.

10년 전 창업을 하면서 저는 기업의 의미에 대해 나름대로 많은 고민을 했습니다. 의사이자 프로그래머로서 혼자 전문 분야의 일을 하는 것에는 익숙했지만 조직이나 경영에 대해서는 완벽한 문외한이었기에, 제가 시작하려는 일에 대해 제 나름대로 생각을 정리하고 의미 부여를 하지 않으면 일을 시작할 수 없었기 때문입니다.

기업의 역할에서 기본 중의 기본은 소속된 구성원이 삶을 영위하고 자아실현을 할 수 있는 장으로서의 역할입니다. 그러나 이것만으로는 프리랜서와 크게 다르지 않습니다. 저는 사람들이 기업이나 조직을 이뤄 일하는 진정한 의미는 '혼자서는 할 수 없는 의미 있는 일을 여러 사람이 모여 함께 이뤄가는 것'이라고 나름대로 생각을 정리했습니다.

다른 한편으로 창업을 하면서 '기업의 목적은 수익 창출'이라는 명제에 의문을 품었습니다. 기업이 수익을 창출하기 위해서는 먼저 고객으로부터 가치를 인정받을 수 있는 물건이나 서비스를 만든 다음 그것을 판매해야 합니다.

이러한 과정을 고려할 때 수익이란 목적이라기보다 결과에 해당한다는 생각이 들었습니다. 수익 창출이 목적이 되다 보면 수단과 방법을 가리지 않고 돈을 벌려 하다가 사회적으로 여러 가지 문제를 일으킵니다. 우리는 지금까지 그런 모습을 많이 보아왔습니다.

어쩌면 인간사의 많은 갈등은 목적과 결과의 혼동에서 빚어지는 것일지도 모릅니다. 이것은 본질과 과정에 충실하면 결과는 따라오는 것이라는 믿음과 일맥상통한다고 생각합니다.

안철수연구소를 경영하면서 지난 10년 동안 세 가지를 이루고자 노력해왔습니다.

첫째, 한국에서도 소프트웨어 사업으로 자리를 잡을 수 있다는 워킹 모델working model 을 만들어보고 싶었습니다. 지식 정보의 가치가 제대로 인정받지 못하고 왜곡된 시장 구조로 인해 척박한 환경이었지만 그래도 다음 세대를 위해 한 가닥 희망의 빛이라도 남겨 놓고 싶었습니다.

둘째, 현재 한국의 경제구조에서 정직하게 사업을 하더라도 자리를 잡을 수 있다는 것을 증명하고자 노력했습니다. 투명경영, 윤리경영이 장기적으로 더 큰 힘이 되는 사례를 만들어보고 싶었습니다.

셋째, 공익과 이윤 추구가 서로 상반된 것이 아니라 공존할 수 있다는 것을 보여드리고 싶었습니다.

이 세 가지가 안철수연구소 구성원 모두가 이 땅에서 숨쉬고 살아가면서 스스로 인식하고 노력해온 '존재의 의미'가 아닌가 생각합니다.

저는 CEO로서 지난 10년을 절벽을 올라가는 등반가의 심정으로 살아왔습니다. 아래를 내려다보면 까마득한 계곡에 두려웠고, 위를 올려다보면 구름에 가려 정상이 어디쯤인지 짐작도 할 수 없었습니다. 그렇지만 힘이 빠지면 떨어져 죽을 수밖에 없기 때문에 한시도 긴장을 늦출 수 없었습니다. 그러한 과정 속에서 매일 제 자신에게 던졌던 두 가지 질문이 있습니다.

"어떻게 하면 우리 회사가 살아남을 수 있을까?"

"내가 이 조직에 적합한 사람인가?"

여기서 두 번째 질문은 다시 두 가지 질문으로 나눌 수 있습니다. 그것은 "내게 회사를 더 발전시킬 수 있는 능력이 있는가?"와 "내 에너지를 120퍼센트 쏟을 수 있는가?"입니다. 등반가의 심정으로 끊임없이 자기 검증을 하면서 10년을 보낸 셈입니다.

이제 창립 10주년을 맞이하면서 저는 CEO 자리에서 물러나고자 합니다. 지난 3년간 저희 회사에서 COO로서 능력을 검증받은 부사장에게 CEO를 넘겨주고, 저는 이사회 의장으로서 새롭게 역할을 다하고자 합니다. 우리나라에서 직접 경영에 관여하는 일반적인 통념상의 회장이 아니라, 신임 CEO가 경영의 권한과 책임을 가지고 저는 본연의 의미에서의 이사회 의장으로서 주주 모두를 위한 좋은 지배구조를 만들고 큰 방향을 제시하는 일을 하고자 합니다.

저는 작년 초에 물러날 결심을 한 후, 지난 1년간 이 결심을 제 가슴속에 담아두고 차분하게 준비를 해왔습니다. 작년 초부터 회사 운영의 더 많은 부분을 COO인 부사장에게 위임하고, 저는 큰 방향을 잡아나가면서 회사에 필요한 대외 활동을 해왔습니다. 지난해 거둔 사상 최대이자 국내 소프트웨어 업계 최초의 의미 있는 성과도 이러한 역할 분담이 성공적으로 이루어진 결과라고 말씀드릴 수 있습니다. 올해도 사상 최대의 실적을 이어갈 수 있다는 확신이 있는 상태에서 다음 주자에게 CEO 자리를 물려줄 수 있어 무엇보다 기쁩니다.

시간을 쪼개 CEO로 살아온 지난 10년의 경험과 생각을 정리하면서 책을 쓰기 시작했습니다. 저는 제가 어떤 일을 마무리할 때나 특별한 계기가 있을 때는 그때까지 배운 것을 정리해서 책을 쓰곤 했습니다. 안철수연구소를 창업하기 직전에 그 전까지 7년간 백신 프로그램을 만들고 무료로 배포했던 시절을 토대로 《별난 컴퓨터 의사 안철수》를 썼고, 안철수연구소의 창업부터 코스닥에 등록되기 직전까지의 경험을 바탕으로 《CEO 안철수, 영혼이 있는 승부》를 썼습니다. 최근에 발간된 《CEO 안철수, 지금 우리에게 필요한 것은》을 쓴 이유도 CEO 자리에서 물러나면서 직원들과 젊은 세대들에게 제가 치열하게 고민했던 편린을 들려주고 시행착오를 줄이는 데 조금이라도 도움이 되고 싶었기 때문입니다.

저는 이사회 의장으로서의 임무에 충실하면서 앞으로 2년 정도의 계획으로 다시 공부를 시작하고 싶습니다. CEO 자리를 넘기는 것도 아직까지 끝나지 않은 공부에 대한 욕심 때문입니다. 저도 몇 년만 지나면 노안(老眼) 때문에 돋보기가 필요할 텐데, 그 전에 마지막 기회라 생각하고 대학원에 들어가 학생으로서 열심히 공부할 생각입니다. 이제 다시 옛날 책들을 꺼내놓고 시험공부를 시작해야 할 것 같습니다.

공부를 끝낸 후의 계획은 세워놓지 않았습니다. 그렇지만 지금까지의 의학, BT, IT, 경영 등의 다양한 경험을 바탕으로 몇 년 동안 열심히 공부한다면, 공부를 마친 후에는 그때의 상황에 적합한 일을 할 수 있으리라 생각합니다. 안철수연구소로 다시 복귀할 수도 있으며, 만약 받아주는 곳이 있다면 대학에서 학생들을 가르치는 일도 보람 있는 일일 것입니다. 경우에 따라 새로운 분야의 도전에 나설 수도 있을 것 같습니다.

지난 10년간 변함없이 성원과 격려를 보내주신 모든 분께 다시 한번 머리 숙여 감사드립니다. 안철수연구소는 앞으로도 계속 조직 구성원 모두가 건전한 가치관을 공유하는 영혼이 있는 기업으로서 함께 살아가는 우리 사회에 기여하는 존재가 될 것임을 약속드립니다. 감사합니다.

2005년 3월 18일

안철수 올림

안 철 수 없 는 안 철 수 연 구 소

"안철수 없는 안철수연구소가 괜찮을까?"

"아, 도무지 믿을 수가 없네."

안철수가 CEO에서 사임하자 안철수연구소에 대해 불안한 시선을 보내는 사람들이 많았다. 하지만 시간이 흐르면서 그것은 쓸데없는 기우에 불과하다는 사실이 서서히 드러났다. 그러한 변화가 주식시장에 미친 영향도 미미했다. 오히려 지속적으로 주가가 상승해 연초 대비 2배 정도 올랐고 연말에는 3만 원대를 돌파했다.

이것은 이미 2002년 김철수가 부사장으로 합류하면서부터 CEO-COO 역할 분담 체제로 조직 시스템을 강화하고 EPI 등을 통해 강한 조직으로 거듭나고 있었기 때문이었다. 3년여에 걸쳐, CEO 한 사람에 의해 조직이 흔들리지 않고, 조직력과 프로세스에 따라 경영 성과를 이루는 기업으로 끊임없이 혁신을 거듭해왔던 것이다. 물론 그 중심에는 전문 경영인 신임 CEO 김철수가 있었다. 아울러 강한 정신력으로 무장한 350여 명의 전사가 그 곁을 지키고 있었다.

김철수는 이미 2002년부터 부사장으로서 조직 전체의 실질적인 운영을 맡아왔다. 그리고 그해 하반기에는 글로벌 사업 기반을 마련하기 위해 대부분의 시간을 일본에 머무르면서 진두지휘했다. 일본 현지 직원들과 함께 사무실이나 허름한 위클리 맨션에서 숙식을 해결하며 일본 법인이 자리 잡는 일에 헌신했던 것이다. 그것은 척박한 대한민국 소프트웨어 시장에서 벗어나 글로벌 시장 공략의 초석을 다지는 일이었다.

2005년 3월, 새로운 CEO에 취임한 김철수는 공격 경영을 기치로 글로벌 사업에 더욱 박차를 가했다. 우선 '자율과 성장'이라는 경영 키워드를 토대로 글로벌 역량 강화, 책임경영 확립, 신시장 발굴 및 신규 사업 육성 등을 적극 추진했다. 기존 창업자의 핵심 가치와 경영 이념을 계승하는 동시에 글로벌 시장과 신규 사업을 확장해 신성장 동력을 적극 발굴해나갔던 것이다.

이 시기에 연구 개발을 총괄하는 CTO로 김익환이 합류해 힘을 보탰다. 미국 현지 글로벌 소프트웨어 기업에서의 오랜 연구 개발 경험이 있던 김익환은 안철수연구소가 글로벌 연구 개발 시스템을 정립하는 데 중요한 역할을 했다. 그리고 시큐리티대응센터를 비롯한 각 연구 개발 부서장을 중심으로 제품 개발 역량의 고도화가 이루어졌다.

김철수와 김익환이 경영과 기술 부문에서 강화한 글로벌 역량은 서서히 효과가 나타났다. 우선 기존 V3 백신 제품 이후에 내놓은 안티스파이웨어 전문 제품인 스파이제로가 국내와 일본 시장에서 선풍적인 인기를 끌었다. 또한 외국 제품이 주도하던 국내 네트워크 보안 장비 시장에 트러스가드 SCM을 처음으로 출시해 시장의 판도 변화를 주도했다. 이외에도 게임 보안, 모바일 보안, 보안 관리 제품 등 다양한 제품군의 개발이 이루어졌다.

다른 한편으로 신시장 사업을 비롯한 글로벌 시장 공략도 속속 성과가 나타나기 시작했다. 동남아 시장에 이어 중남미, 북미, 유럽 등지로 시장 진출이 이루어졌는데 김철수는 매달 해외출장을 갈 정도로 글로벌 시장 개척에 남다른 열정을 다했다. 더불어 연구개발 부서는 물론 각 지원 부서에도 적극적인 지원을 아끼지 않았다.

전문 경영인 김철수가 과거에 프로 기타리스트였다는 이력은 단순한 호기심 이상의 관심을 받았다. 온라인 사보 〈보안세상〉에 김철수의 과거 기타리스트 경력이 처음으로 소개된 이후 직원들로부터 공연 요청이 쇄도했다. 그는 만면에 웃음을 가득 머금고는 경영 목표가 달성되면 공연을 하겠다는 약속을 했다.

이후, 그는 음악을 좋아하는 직원들과 함께 안랩 올스타즈 밴드를 결성했고 4개월을 준비해 2004년 종무식 무대에 올랐다. 경영 목표를 이루기 위해 애쓴 직원들과의 약속을 지키기 위해서였다. 뽀글뽀글 파마머리 가발을 눌러쓴 그가 재빠른 손짓으로 6개의 현을 튕길 때마다 흘러나오는 선율은 가히 환상적이었다. 야광봉을 든 직원들은 모두 한 호흡으로 그의 음악에 열광했다.

그렇게 안철수연구소 직원들은 그날 김철수가 보여준 뜨거운 감동을 마음에 새기며 새해를 맞았다. 새해와 더불어 또 다시 바이러스 전쟁은 시작되었고 안철수연구소는 여전히 총칼 없는 싸움을 계속하며 온라인 세상의 평화를 위해 몸을 던졌다. 무언가에 몰입을 하다 보면 세월의 흐름이 아주 잠깐처럼 느껴지는 법이다. 적어도 안철수연구소의 직원들은 그런 느낌을 받았다.

기타 선율로 전해주던 감동이 아직 가시지 않은 2006년의 어느 날, 안철수연구소 직원들은 청천벽력 같은 소식을 들었다. 김철수가 급성혈액암을 선고받았던 것이다. 그리고 어떻게 손을 써볼 새도 없이 그는 2007년 3월 영원의 시간 속에 잠들고 말았다.

함께 안랩 올스타즈 밴드를 했던 노인걸은 그에 대해 이렇게 회상했다.

"열정적이어서 건강이 악화된 듯해요. 거의 모든 직원들과 개인적으로 술자리를 같이 하셨거든요. 직원들과 이야기를 많이 나누며 직원들을 이해하려 하셨죠. 그 덕분에 프로세스 개혁이 자리를 잡았구요."

신화를 일궈냈다는 표현을 들을 만큼 일과 사람에 대한 그의 열정은 대단했다. 강한 추진력과 투명경영을 솔선수범하는 그를 보며 오히려 직원들이 말리고 싶어 할 정도였다. 물론 안철수연구소의 모든 직원들은 그의 열정이 자신을 위한 것이 아니라 회사와 직원들을 위한 것임을 믿어 의심치 않았다.

향년 53세. 그의 짧은 삶은 많은 사람을 슬프게 만들었다. 박준용은 여전히 서글픔을 드러내며 이렇게 말했다.

"퇴원하면 유기농만 드시며 산다고 하시더니… 영안실 영정 앞에 세워져 있는 기타를 보는 순간 눈물이 펑펑 나더군요. 주인을 잃은 기타가 그렇게 눈물 나게 할 줄은 몰랐습니다."

평생 사랑했던 음악과 일을 내려놓고 그는 자신의 삶을 조율해준 기타 하나만 둘러맨 채 먼 이별 여행을 떠났다. 남은 자의 슬픔과 상관없이 그는 자신을 기억하는 모든 이의 마음속에 가끔 찾아올 것이다. 때로는 기타 하나로, 또 때로는 소주 한 잔의 추억으로.

멀티플레이어,
친절한 V3를 만나다

보 안 의 살 아 있 는 역 사 , 사 명 감 으 로 뛴 다

사람에게 기억이란 '맞아, 그때 그런 일이 있었지'라거나 '그때는 왜 그랬을까?' 하는 식의 과거사를 더듬는 수단이다. 삶에서 부딪치는 모든 문제가 선택의 연속인 것을 감안하면 그때 그런 일과 왜 그랬을까 하는 기억 역시 당시에는 최선이었기 때문에 선택한 결과였을 것이다.

그럼에도 현재의 관점에서는 과거의 일이 아쉬움이 남는 추억으로 투영되기도 하고, 기억하는 사람의 의지에 따라 더러 왜곡되기도 한다. 특히 끔찍한 기억일수록 더욱 그렇다. 그러나 기억하는 사람의 의지에 따라 절대로 왜곡될 수 없는 것도 있다. 아니, 그렇게 하면 결코 안 되는 것이 있다.

그중 하나가 우리나라의 컴퓨터 보안 역사이다. 우리나라에서 컴퓨터 보안의 역사는 V3로부터 시작되었다고 해도 과언이 아니다.

V3의 생명력은 1988년 6월 눈에 띄기보다 안으로 스미는 한 개인의 사명감으로부터 움트기 시작했다. 그야말로 작은 발돋움에 지나지 않던 Vaccine(백신)으로 시작해 V2, V3로 변모했으며, 회사 설립 이후 V3+, V3Pro 시리즈를 거쳐 현재의 V3 365클리닉, V3 Lite, V3 Internet Security 8.0에 이르기까지 장장 20년을 넘게 진화를 거듭해온 것이다.

"V3 제품은 다른 제품처럼 빠른 시일 내에 만들어낼 수 없습니다. 특정 사이트나 특정 고객을 만족시키면 되는 것이 아니라 불특정 다수의 국민이 사용하기 때문에 최고의 안전성을 확보해야 하거든요."

V3의 모든 제품 개발에 참여한 이현성은 낮은 목소리로 V3가 짊어지고 있는 무게감을 간단하게 설명했다. V3 이야기가 나오자 2000년 3월에 입사한 권진욱이 눈을 빛내며 다가왔다. 그는 국내에서 내로라하는 S그룹 연구원 출신으로 그저 주어진 일만 처리하는 게 아니라 새롭고 다양한 일을 경험하기 위해 안철수연구소로 자리를 옮겼다. 실제로 그는 V3Pro 2000의 PM(프로젝트 매니저)을 시작으로 V3의 유지 보수 업무와 마케팅을 두루 섭렵했다.

"우리 회사에서는 다른 제품의 개발자도 V3 제품군에 대한 전문가입니다. 사실은 전 직원이 V3 전문가라고 할 수 있죠. 전 국민을 대상으로 보안을 책임져야 하니까요."

잠깐 지나가는 말처럼 한마디 던지고 돌아서려던 그는 개발자로 일할 때가 좋은지, 마케팅과 PM 역할을 맡는 것이 좋은지를 묻자 곧바로 눈을 반짝이며 관심을 보였다.

"각양각색의 개성 강한 사람들과 함께 제가 원하는 제품, 즉 목표점을 향해 나아가는 게 좋습니다. 기술을 알아야 기획을 하기가 쉽거든요. 애초에 완전히 동떨어진 업무가 아니죠. 굳이 다른 점을 찾자면 개발자가 접근하는 방식과 경영자나 마케팅 쪽에서 접근하는 방식이 다를 뿐입니다. 음… 상반되는 입장에 있으니까요. 구체적으로 돈이 될 것인지 아닌지와 개발이 될 것인지 아닌지를 고민하죠. 서로 상충되는 분야를 넘나들다 보니 양쪽의 쟁점을 포괄적으로 아우를 수 있다는 강점도 생기고요."

멀티플레이어는 내 일 네 일을 가리지 않고 모든 분야에 관심을 기울인다. 그리고 기회가 주어지면 이런저런 핑계를 접어두고 무조건 달려 나간다. 그 다음엔 기회가 던지는 폭풍우와 햇빛을 동시에 받아내며 결정적인 골을 향해 거침없이 나아갈 뿐이다.

아틀라스와 시지프의 고통이라도 마다치 않는다

V3가 스무 살이 되는 동안 사회에 대한 기여도 측면에서 고객이 안철수연구소에 거는 기대는 매우 크다. 그런데 이들을 보면서《그리스 신화》에 등장하는 하늘을 두 어깨에 메고 벌을 받는 고통의 아틀라스와 끊임없이 산꼭대기까지 바위 덩어리를 굴려 올려야 하는 형벌을 받은 시지프가 떠오르는 이유는 무얼까? 어쩌면 잘한 것은

당연한 것으로 여기고 잘못한 것에 대한 평가는 비교적 크게 부풀려지는 것에 대한 부담감과 책임감 때문일지도 모른다.

2002년, 마케터 권진욱은 고객사인 다국적 글로벌 기업 L사를 방문했다. 보안 담당자는 그를 보자마자 대뜸 이렇게 말했다.

"본사에서 공문이 내려왔어요. 외국산 백신으로 교체하라고요. 저뿐 아니라 직원들 입장에선 전혀 그럴 맘이 없습니다. 대한민국에도 좋은 백신이 있다는 것을 외국 본사에 알리고 싶어요. 최대한 지원을 해주실 수 있죠?"

그 말에 권진욱은 한동안 반쯤 이성이 마비되는 듯한 느낌을 받았다. 코끝이 매워 감정을 추스르기가 쉽지 않았지만 그는 애써 다부지게 마음을 다스렸다.

"큰 감동이었어요. 직원들이 앞장서서 본사의 지시를 엎는다는 게 어디 쉬운 일입니까? 엄청난 책임감이 느껴졌습니다. 그런 기대를 저버릴 수는 없잖아요. 정말 큰 힘이 되었습니다."

전상수도 비슷한 경험을 많이 했다.

"신기했어요. 외부에 나가 회사 명함을 내밀면 한꺼번에 많은 문제가 해결되더군요. 고객사를 방문하거나 세미나에 참석해도 명함 하나면 해결되지 않는 문제가 거의 없을 정도였으니까요."

그쯤에서 전상수는 잠시 멈칫했다. 말을 해야 하나 말아야 하나 고민하는 게 아니라, 그것이 좋은 일인지 나쁜 일인지 분간하기 어려워서였다.

"이걸 뿌듯하다고 해야 할까요, 비극이라고 해야 할까요?"

헷갈린다는 표정과 함께 그는 자신이 겪은 일을 들려주었다.

2004년 초, 전상수는 직원 결혼식이 있어 차를 몰고 여수로 내려갔다. 그런데 결혼식을 마치고 동료 두 명과 함께 올라오다가 그만 고속도로에서 사고가 나고 말았다. 백미러를 보느라 목에 힘을 주고 있던 그의 차 뒤꽁무니를 뒤 차가 받아버린 것이다. 목을 가눌 수 없을 만큼 통증이 엄습해와 인상을 쓰면서 차에서 내리는데, 상대차 운전자도 졸린 눈을 비비며 천천히 차에서 내렸다. 순간 그의 따가운 시선을 느꼈음인지 상대차 운전자의 게슴츠레하던 눈이 갑자기 무자비할 정도로 커지면서 연신 미안하다고 사과를 했다.

큰 외상이 없던 터라 전상수는 서로의 명함을 교환하며 차후를 기약했다. 그때였다. 그에게서 명함을 받아 쥔 상대차 운전자의 두 눈이 이번에는 하트 모양을 띠고 전상수에게 손을 내밀었다. 다음 순간, 그의 억양이 부드러워지면서 많은 단어가 쏟아졌다.

"안철수연구소 사람들, 한번 만나보고 싶었어요. 저도 IT 업계 SI 컨설팅 일을 하고 있거든요. 반갑습니다. 아니, 미안합니다. 정말 미안해요."

전상수는 상대차 운전자가 자신의 손을 흔들 때마다 목의 통증을 누르기 위해 다른 손으로 뒷목을 감싸며 쩔쩔매야 했다. 이럴 수도 저럴 수도 없던 전상수는 서둘러 그 자리를 벗어났다.

"상황이… 만나보고 싶었다는 둥, 반갑다는 둥… 그런 말을 할 상황은 아니었잖아요. 동료들이랑 한참을 웃었어요. 근데… 저는 몇 년이 지난 지금까지도 사고 후유증으로 고생합니다. 눈비라도 올라

치면 죽음이에요. 온몸이 쑤셔대는 통에… 아직 장가도 못 갔는
데… 어쩝니까? 안랩인만 아니었으면… 확… 맞짱이라도 뜨는 거
였는데….”

　그의 우스갯소리에는 그 어떤 감정도 실려 있지 않았다. 전상수
의 에피소드는 여기에서 그치지 않았다. 처음 입사했을 때 그는 V3
와 관련해 안철수 대신 자주 외부 행사에 참석했다. 한 번은 그가
정품사용 소프트웨어기업 조인식에 참석했는데 그곳에 온 기업의
대표들이 죄다 이사급이었다. 평사원으로 참석한 전상수는 어떡하
든 그들과 사진 찍는 일만큼은 피하려 했지만 얼떨결에 크게 한방
찍히고 말았다. 그리고 다음날 경제지 사회면에 그 사진이 실리면
서 그는 주변으로부터 푸짐한 인사를 받았다.

　하지만 전상수는 그런 일에 절대 우쭐해하지 않는다. 무엇보다
그 자신이 고질적인 포퓰리즘에 익숙하지 않았고, 분에 넘치는 자
리에 앉으면 감투에 깔려 다칠 수 있다는 교훈을 단단히 기억하고
있기 때문이다.

현실을 직시하라

　2000년 초, 백신 제품의 라이프사이클은 성장기에 진입해 있었고
그런 만큼 치열하게 경쟁이 전개되었다. 하지만 성숙기에 이른 지
금은 백신 시장의 한계가 서서히 드러나고 있다.

　안철수연구소는 이미 오래 전부터 이에 대비해 이론적으로 3가지

방향을 수립해놓았다. 그것은 새로운 기능 추가, 신시장 개척 그리고 핵심 기술로 돌아가는 것을 말한다. 새로운 기능을 추가하는 부분은 이미 개발에 들어간 지 오래이고, 신시장을 개척하는 일도 몇 년 전부터 해외로 눈을 돌려 부지런히 땅을 일구고 있다. 더불어 핵심 기술로 돌아가기 위해 작고 가벼운 것을 요구하는 고객의 니즈에 부응하는 일도 이미 시작되었다.

휴대전화가 전화 기능에 카메라, MP3까지 추가되면서 빠르게 진화하다가 다시 통화만 되는 기능을 가진 휴대전화가 나왔듯, 백신 시장에서도 이러한 틈새시장이 형성되고 있다. 이런저런 기능 빼고 바이러스와 스파이웨어만 잡으면 되는 정도의 백신을 원하는 고객이 늘고 있는 것이다. 이러한 시장 요구에 부응해 2008년 10월에는 V3 IS 2007 Platinum에서 더욱 경량화한 기업 PC용 제품 V3 IS 8.0을 출시했다.

소프트웨어연구실 전성학이 일순 진지한 표정으로 말했다.

"기존에는 V3가 바이러스나 악성코드를 검사할 때 CPU 사용량이 많았어요. 그러다보니 다른 일이 늦어지는 거죠. 물론 컴퓨터를 보호하기 위해 검사를 하는 건 맞죠. 하지만 고객의 입장에선 V3가 컴퓨터를 검사하는 동안 다른 일을 할 수 없게 한다면 불편할 수밖에요. 그래서 검사를 걸어놓고도 다른 일을 할 수 있게 CPU 사용량을 줄인 게 이 제품의 특성입니다. 속도도 빨라졌고, 가벼워졌죠. 세상에서 가장 빠르고 가볍습니다!"

사실 V3만 CPU 사용량이 많은 것은 아니다. 악성코드도 마찬가지다. 사람들이 컴퓨터를 사용하다가 느려지면 "바이러스에 감염된 거 아니야?"라고 의심하는 것도 같은 이유이다. 그러다보니 이 악성코드들이 요즘 들어 은폐 수법을 쓰기 시작했다. '내가 CPU를 잡아먹고, 시스템에 자극을 주면 금방 알아채는구나' 하면서 CPU 기능을 1% 이하로 사용을 하고, 자신이 동작을 해도 그 사실을 모르게 숨기는 수법을 쓰는 것이다.

그리고 PC 프로세스의 실행 파일들을 작동하지 못하게 만들어버린다. 분명 폴더에 악성코드 파일이 있어 찾아가보면 자기를 은폐해 찾을 수 없게 만든다. 악성코드의 목적 중 하나가 걸리지 않고 오래 살아남는 것이라면, V3의 역할은 그런 것을 찾아내 삭제를 하는 것이다. V3 IS 8.0에는, 은폐하는 악성코드를 탐지하는 고도의 신기술이 탑재돼 있다.

그럼에도 불구하고 안철수연구소는 "다른 회사 백신은 진단율이 좋은데 V3는 왜 진단율이 떨어지나요?"라는 불평을 가끔씩 듣는다. ASEC과 같은 분석조직을 가지고 서비스를 할 수 있는 국내 유일의 보안 회사로서 여간 자존심 상하는 일이 아니다. 하지만 이 부분은 안철수연구소가 풀어나가야 할 과제이다.

현재 국내에 있는 백신 회사의 대부분이 해외에서 들여온 엔진을 사용한다. 해외 엔진들은 악성코드를 자연스럽게 지워버린다. 반면 V3는 그럴 수 없다. 국내 시장점유율이 50%를 넘기 때문에 그렇게 무작위로 삭제했다가는 오진이 생겼을 경우 걷잡을 수 없게 된다. 악성코드 중에는 고객도 모르는 사이에 동의를 받고 활동을 하고 있는 것도 있어서 V3 마음대로 진단해 삭제할 수 없는 한계가 있다.

따라서 과거를 연구하고 미래를 대비하는 것도 중요하지만 그보다 더 중요한 것은 현재의 시장이 요구하는 제품을 만들어내는 일이다. 이에 따라 안철수연구소와 수많은 제품 기획자들은 현재에 맞는 제품을 만들어 보안 시장 영역에서 어떤 식으로 드라이브를 할 것인지를 지속적으로 고민하고 있다.

세상에서 가장
가볍고 빠르게

대한민국에 가장 적합한 종합주치의 서비스

"뭐야? 트루먼쇼의 짐 캐리도 아니고. 어떻게 이런 일이…"

하루에도 수십 통의 휴대전화 문자와 전화에 시달리던 사람들은 뉴스를 보다가 기겁을 하지 않을 수 없었다. 대형 온라인 쇼핑몰이 해킹을 당해 수백만 명의 개인 정보가 밖으로 흘러나갔던 것이다. 고스란히 노출된 자신의 개인 정보가 언제 범죄의 표적이 될지 모른다는 불안감이 삽시간에 퍼져나갔다.

어디 그뿐인가? 최근에는 하루가 멀다 하고 포털, 게임 업체, 심지어 금융권에서도 고객 정보가 유출되고 있다는 뉴스가 신문에 빠짐없이 등장한다. 우리나라가 인터넷 경제는 쑥쑥 성장하고 있지만 보안에 대한 투자는 여전히 부족한 후진적 유통 구조를 갖고 있기 때문이다.

데이비드 브린 David Brin 은 그의 저서《투명한 사회 The Transparent Society 》에서 "기술의 혁신적 발전과 개방형 사회에 따른 개인 정보 활용은 어쩔 수 없는 상황"이라 전제한 뒤, 권위 있는 기관이나 서비스 사업자가 그들의 편익에 의해 일방적으로 개인 정보를 활용하는 것을 문제점으로 지적했다. 아울러 정보를 제공하는 개인과 정보를 활용하는 주체들의 사용 행위가 투명하게 제시되어야 하는 '상호 투명성'을 제안했다.

하지만 우리는 현재 산업 발전에 걸맞은 제도적 장치와 책임 문화가 부족한 실정이다. 이는 고객 정보를 지켜야 한다는 책임 의식에 앞서 상술에 활용하는 데만 급급하기 때문이다. 그런 면에서 2008년 4월, 안철수연구소가 출시한 PC 주치의 개념의 보안 서비스 V3 365 클리닉은 커다란 의미를 지니고 있다. 무엇보다 이 제품은 V3 20주년을 기념해 출시한 고객 중심 철학의 서비스이다. 어느새 V3가 20년 넘게 컴퓨터 사용자들의 정보 안전을 책임져온 것이다. 대형 다국적기업 서너 개 회사가 글로벌 보안 시장의 판도를 좌우하는 상황에서 확고한 시장 지배력을 토대로 자국 시장을 지켜낸 V3는 세계적으로도 그 유례를 찾기 힘든 신화적 존재이다.

원격주치의께 감사 드려요. 나름 컴퓨터를 잘 안다고 생각했는데 최근 생긴 에러는 도저히 모르겠더라고요. 방금 원격 점검 후 알게 됐어요. (ID rlfyd78)

인증프로그램을 본체에 저장해 놓고 사용하는 게 영 꺼림칙해서 상담 신청했어요. 그런데 이거 장난 아니던데요. 상담 차원이 아니라 PC주치의라는 말이 딱이에요. 프로그램 정리, 의문사항 하나하나가 답변과 동시에 해결되네요. (ID hunny721)

이것은 V3 365 클리닉이 정식으로 출시되기 전, 기존 유료 고객을 대상으로 시범 서비스를 했을 때 나온 반응이다. 이러한 반응이 보여주듯 V3 365 클리닉은 단순히 악성코드 등의 보안 위협 요소를 제거할 뿐 아니라 종합적으로 PC의 상태를 점검하고 문제를 해결해주는 서비스이다. 또한 소프트웨어와 전문가의 원격 서비스가 유기적으로 통합된 세계 최초의 비즈니스 모델이다.

2010년 7월부터는 'V3 365 클리닉 PC주치의'를 대형 할인 매장인 홈플러스 전국 매장에서 판매하기 시작했다. 창업 초창기인 1996년 'V3 Pro 95'에 패키지 모델로 등장한 이후 처음으로 안철수가 제품 패키지의 모델로 다시 등장해 눈길을 끌었다. 그는 V3 최초 개발자로서 제품에 많은 애정이 있고, 개인 사용자의 보안 의식을 높이자는 차원에서 모델 제안을 수락했다.

최근 봇물처럼 쏟아져 나오는 개인 정보 유출 사고는 우리 사회의 구조적인 취약성을 드러내고 있다. 이러한 구조적 문제는 단시일 내에 해결할 수 있는 문제가 아니다. 안철수연구소는 이러한 문제를 직시하고 있었기에 우리의 상황에 가장 적합한 V3 365 클리닉 서비스를 준비한 것이다.

보안은 단순히 제품만 제공한다고 해서 수준이 높아지는 게 아니다. 사용자의 인식과 습관의 변화, 그리고 적극적인 참여가 뒤따라야 근본적인 변화와 개선을 할 수 있다.

안철수연구소만의 아이덴티티

언제부터였을까? 딱히 기억할 수는 없지만 세상은 너무나 비슷해졌다. 사람들의 옷차림을 비롯해 심지어 외모와 표정까지도 고만고만해졌다. 보안 제품이라고 해서 별반 다르지 않다. 거기서 거기인 제품이 쏟아졌다. 그러다 보니 비슷한 것에 익숙해져 다름을 경험할 기회가 많지 않았던 사용자들로서는 보안 제품은 원래 이렇게 보기에도, 쓰기에도 어려운 제품인가보다 했을 것이다.

여기에 안철수연구소의 UX User Experience 디자인팀이 기어이 일을 내고야 말았다. UX 디자인의 개념은 30여 년 전부터 존재했으나 우리나라에서는 4~5년 전부터 일반에 알려지기 시작했다. UX 디자인은 말 그대로 사용자에게 좋은 경험을 줄 수 있는 제품을 디자인하는 것이다. 다시 말해 보기 좋고, 쓰기 편하게 디자인하는 것이라 할 수 있다.

세상에서 가장 빠르고 가벼운 V3 Lite 프로젝트가 진행되자 UX 디자인팀은 "브랜드 이름에 걸맞게 딱 하나만 보자, 누구나 쓸 수 있는 쉬운 보안 제품을 디자인해보자!"라고 마음을 모았다. 이내 사용자들을 인터뷰하고 그들이 실제로 기존 보안 제품을 어떻게 사용하는

지 관찰한 후 무엇이 문제인지를 분석해 전략을 도출했다. 이를 바탕으로 메뉴 구조를 잡고 화면 설계서를 작성한 뒤 사용성 테스트를 진행해 사용자들이 V3 Lite를 사용하는데 어려움이 없는지 다듬는 과정을 반복했다. 완성된 디자인을 본 다른 팀원들은 하나같이 믿을 수 없다는 듯 두 눈을 휘둥그레 떴다. 지금까지의 안철수연구소의 보안 제품과는 달라도 너무 달랐던 것이다. 첫 화면이 심플하다 못해 그들의 눈에는 화면 자체가 텅 비어 있는 것처럼 여겨졌기 때문이었다.

"이 팀이 미쳤구나, 보안 제품 디자인을 이렇게 만들다니!"

불만을 토로하는 다른 팀원들의 표정이 떠올랐는지 UX 디자인팀의 김정연은 그런 디자인을 내놓은 이유를 설명했다.

"기존의 보안 제품 디자인은 사용자를 위한 것이라기보다는 개발자와 기획자들의 목소리를 담기 위한 것이었어요. 너무나 많은 기능과 정보를 제공하려고 한 거죠. 그래서 V3 Lite는 사용자들의 눈높이에 맞춰 꼭 필요한 기능만 첫 화면에 배치했습니다."

2008년 8월, 안철수연구소가 드디어 무료 백신 V3 Lite를 발표했다. 브랜드 이름처럼 용량이 가볍고 작동 속도가 세계 최고이다. 뿐만 아니라 다른 무료 백신은 제공하지 않거나 불완전하게 제공하는 PC 최적화와 툴바 관리 기능을 제공하고, 위험 사이트 차단 서비스인 사이트가드AhnLab SiteGguard와 연계해 탁월한 웹 보안 기능을 제공한다.

V3 Lite는 전문성과 신뢰성을 갖춘 안철수연구소가 제공하는 무

료 백신이라는 점에서 차별된다. 최근 악성코드의 트렌드가 돈을 노린 범죄화에 따라 지역적·국지적으로 발생한다는 점에서 최신 악성코드를 가장 잘 진단·치료하고, 24시간 365일 긴급 대응 체제로 책임 있는 서비스가 제공된다. 2010년 6월 현재, 1700만 명에 이르는 V3 Lite 사용자들이 이를 증명해준다.

한편, UX 디자인팀은 접수된 고객의 소리 하나에도 그냥 지나치질 못했다. 시각장애1급의 고객이 안철수연구소의 제품을 쓰고 싶은데 장애 때문에 쓸 수 없다고 하는 것이 아닌가.

김정연은 팀원들과 함께 머리를 맞댔다. 회사 차원에서 할 수 있는 일이 아니었기에 UX 디자인팀의 단독 프로젝트로 진행했다. 업무 시간 이외에 시각장애인들을 찾아다니며 인터뷰를 했고, 소리로 들려주는 프로그램을 구입해 수십 차례에 걸쳐 테스트를 했다. 눈을 감고 반복해서 프로그램을 듣다보니 어지럼증이 일고 구토가 나올 정도였지만, 팀원들은 사명감 하나로 모든 것을 이겨냈다. 그리고 마침내 시각장애인들도 아주 기본적인 기능을 쓸 수 있도록 만들어주었던 것이다.

멈추지 않는 변화의 바람

2009년 6월, 안철수연구소는 인터넷 환경의 위험도가 갈수록 높아지는 가운데 세계 최고 수준의 기업용 웹사이트 보안 서비스인 사이트가드 프로를 출시했다. 이는 최근 클라우드 컴퓨팅과 함께 주목받는 클라우드 보안 서비스로서 안전하게 웹을 이용할 수 있는 환경을 제공해 기업의 IT 자산을 보호하는 신개념 보안 서비스이다.

각종 포털을 비롯해 블로그, SNS(소셜 네트워크 서비스) 등 인터넷 환경이 백신이나 네트워크 보안 솔루션을 우회하는 공격에 이용되는 상황에서 사용자와 인터넷 환경을 안전하게 보호한다.

또 V3의 새로운 개념인 실시간 악성코드 대응 기술인 스마트 디펜스 AhnLab Smart Defense 를 선보였다. 이는 금전적인 이득을 목적으로 전문화, 조직화, 국지화하는 악성코드에 더욱 효과적으로 대응하기 위한 신기술이다. 클라우드 컴퓨팅 개념이 적용된 혁신적인 기술로서 수많은 악성코드의 데이터를 모두 PC에 다운로드해 처리하던 방식에서 획기적으로 진일보한 기술이다.

수천만 개의 유형별 파일 DNA 데이터베이스를 중앙 서버에서 관리하며, PC 내 파일이 악성코드인지를 실시간으로 확인해준다. 이 기술의 적용으로 안철수연구소는 V3 제품군 및 트러스가드 등 보안 제품의 진단율과 검사 속도를 한층 높이고, 엔진 업데이트 이전의 위협을 원천 차단한다. 또한 사전 진단 및 사후 치료까지 더욱 안전한 컴퓨팅 환경을 보장한다.

전통의 패러다임은 쉽사리 사라지거나 없어지지 않는다. 새로운 패러다임으로 흡수되거나 재조합되는 게 현실의 순리이다. 다만 시대와 환경이 변화되면 그에 걸맞은 가치사슬 Value-Chain 도 변화한다는 사실에 주목할 필요가 있다.

변화의 속도는 매우 빠를 뿐만 아니라 역동적이기까지 하다. 따라서 전통의 패러다임에 익숙한 사람들은 더는 진화하지 못한 공룡의 운명을 따라갈 수밖에 없다. 새로운 변화를 선도하고 스스로 진화를 해야 한다. 누군가 선도를 해주어야 희망의 미래가 우리 앞에 열린다.

안철수연구소는 스스로가 '안철수연구소'라는 사실을 잘 알고 있다. 또 변화의 중심에서 안철수연구소가 혁명적, 실천적인 메시지가 되어야 한다는 것도 너무나 잘 알고 있다. 한번도 쉬운 길을 가본 적 없고, 무엇이든 쉽게 얻고자 했던 적도 없는 안철수연구소이기에 변화의 바람은 멈추지 않는다.

클라우드 보안 서비스

인터넷 기반의 보안 서비스를 말한다. 클라우드 컴퓨팅의 등장으로 만들어진 개념이다.

클라우드 컴퓨팅

인터넷을 구름으로 표현해 그 속에 숨겨진 복잡한 서비스 인프라 구조를 간결하게 제공하는 것이다. 즉, 정보가 인터넷 서버에 영구 저장되고 데스크톱이나 노트북, 휴대용 기기 등의 클라이언트에는 일시적으로 보관되는 환경을 말한다. 클라우드 컴퓨팅은 초기 ASP_{Application Service Provider}에서 웹 2.0을 기반으로 확장된 개념인 SaaS_{Software as a Service}로, 그 다음은 클라우드 컴퓨팅으로 그 흐름이 이어진다.

이러한 클라우드 컴퓨팅 환경에서 사용자는 기술과 인프라에 대한 전문 지식이 없어도 쉽게 서비스를 이용할 수 있다. 클라우드 보안 서비스가 주목받는 이유는 대용량 하드웨어와 데이터베이스가 필수인 네트워크 보안 솔루션의 도입 증가, 점점 증가하는 악성코드에 대응하기 위한 보안 제품의 엔진 대형화, 복잡하고 다양한 계층을 파고드는 해킹의 증가 때문이다.

클라우드 보안 서비스의 장점은 도입 과정과 관리가 복잡하지 않으며, 언제든지 필요할 경우 변경이 가능하다는 점이다. 더욱이 보안해야 할 대상이 PC에서 노트북, 넷북, PDA, 휴대폰까지 광범위해진 상황에서는 클라우드 보안 서비스가 이들을 통합 관리할 수 있는 효과적인 대책이다. 또한 인터넷 기반의 서비스로 제공되기 때문에 별도로 하드웨어를 도입하지 않아도 되며, 필요할 때 바로 주문해서 사용할 수 있다. 저비용으로 온디멘드 보안 서비스를 받을 수 있다. 여기에는 클라우드 컴퓨팅을 이용한 DDoS 공격 탐지 및 차단 방법, 서버 기술이 탑재돼있다. 이는 클라우드 보안 서비스 전략인 액세스 ACCESS: AhnLab Cloud Computing E-Security Service 를 구현하는 핵심 기술이다.

액세스는 기존 ASEC의 악성코드 수집 및 분석 능력과 CERT의 위협 모니터링 및 대응 서비스를 지능형 기술로 받쳐주는 플랫폼이다. 이 플랫폼은 기존의 각종 보안 관리 데이터베이스와 유기적으로 결합해 악성코드의 수집과 분석, 배포 과정을 혁신적으로 개선하며, 종합적인 대응 체제를 가능하게 한다. 또한 ACCESS의 핵심은 '종합 위협 분석 엔진'이다.

여기에서는 위협의 근원이 되는 악성코드와 해킹 수법을 실시간으로 수집해 실시간 탐지 및 치료는 물론 시그니처 DB를 다이내믹하게 생성한다. 이 결과는 기존 ASEC와 CERT, 유관 전문기관과의 업무와 실시간으로 연계되어 기존의 프로세스의 정확성을 높이고 시간을 크게 단축시킨다.

각 사용자와 제품에 맞게 서비스는 이 엔진을 중심으로 구성되는 서비스 프레임워크를 통해 진행되어 각 사용자에 적합한 서비스와 제품으로 연계가 이루어진다. 개인 사용자에게는 V3 365 클리닉이, 중소기업에는 V3 MSS가 클라우드 서비스를 제공한다.

세 상 에 서 가 장 안 전 한 이 름 안 철 수 연 구 소

THE SAFEST NAME IN THE WORLD

07

글로벌 소프트웨어 기업을 꿈꾸다

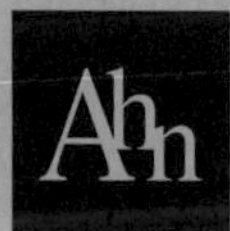

글로벌 무대를 향한 닻을 올리다

세상을 향한 첫걸음

안철수연구소는 2000년부터 본격적으로 해외 사업에 나섰다. 우선 지리적으로 가까워 24시간 대응이 가능하고 시장 전망이 밝은 나라부터 공략하기로 했다. 그러한 계획에 따라 1차 타깃이 된 나라가 바로 중국과 일본이었고, 이어 동남아로 발을 넓혔다.

물론 그 길은 쉽지 않은 여정이었다. 그러나 이미 국내에서 충분한 경험을 쌓은 데다 오기와 끈기가 거들어주면서 중국과 일본 법인은 서서히 안정 궤도에 진입했다. 2004년이 되자 이제는 미국 등 다른 지역으로 눈을 돌릴 만큼 여유가 생겼다. 만리장성과 깐깐하기로 유명한 일본 시장을 뚫은 자신감에, 영어권인 동남아 지역에서의 스파링 경험이 충분히 승산이 있다는 판단을 하게 된 것이다.

결국 미국 시장을 공략하기로 결정을 내린 안철수연구소는 2004

년 5월~7월까지 현지 컨설팅 회사로부터 컨설팅을 받으며 치밀하게 준비했다. 컨설팅 회사는 백신 등 클라이언트 제품 시장은 경쟁이 치열하고 마케팅 비용도 많이 들기 때문에 한 발 물러서라는 진단을 내렸다. 포털 등을 끼지 않은 ASP(온라인 보안 서비스) 사업도 시기상조라는 분석이었다. 여기에 현지화가 해외 시장 진출의 중요 포인트인 만큼 이 대목도 감안해야 했다.

이러한 결과를 바탕으로 1번 주자로 선택한 것이 핵쉴드였다. 비용을 최소화할 수 있고 동시에 인지도 제고 효과가 뛰어난 온라인 보안 서비스와 온라인 게임 보안 솔루션으로 공략하기로 한 것이다. 이때 세계적으로 경쟁력을 자랑하는 국내 온라인 게임 업체와 손잡고 동남아 등지에서 성공한 경험을 바탕으로 미국 진출이 고려되었다. 더욱이 핵쉴드는 모듈 자체라 현지화가 필요 없었다.

계획은 성공적이었다. 국내 보안 업계 최초로 해외 진출 기록을 세운 안철수연구소는 세계 주요 게임 업체에 잇달아 공급해 온라인 게임 보안 종주국의 위상을 과시했다.

해외 시장 개척의 로드맵

핵쉴드의 북미 시장 진출은 아시아 대표 보안 기업을 넘어 글로벌 통합 보안 기업으로 성장하기 위한 해외 시장 개척 로드맵의 일환이다. 이는 세계 온라인 게임 보안 분야의 선두주자로서 안철수연구소의 위상을 강화하는 한편, V3와 트러스가드 등 다른 보안 제품의 북미 시장 진출에도 디딤돌이 될 전망이다.

다양한 언어 탓에 진출을 미뤄왔던 유럽권도 영어를 쓰는 영국부터 공략하기 시작했다. 미국과 영국의 경우 지원센터가 없어 걱정이지만 시큐리티대응센터와 콜센터 등 후선 조직의 진출이 뒤따를 예정이기에 보안 소프트웨어 종주국으로의 진출 준비는 끝낸 셈이다.

특히 2007년 2월에는 멕시코 최대 은행인 배너멕스Banamex에 온라인 보안 서비스를 구축했다. 배너멕스는 120년의 역사를 자랑하는 멕시코 최대의 금융기관 중 하나로 미국 시티그룹이 인수했다. 현재 멕시코의 주요 도시에 1,500여 개에 이르는 지점을 두고 있으며 글로벌 시장 확대를 위해 활발하게 금융 사업을 펼치고 있다.

같은 해, 7월에는 해외에서의 첫 다년 계약을 이끌었다. 멕시코의 3대 은행이자 세계 10대 금융그룹 중 하나인 산탄데르Santan-der 은행에 3년간 다양한 온라인 서비스를 제공하기로 계약한 것이다. 스페인에 본사를 둔 산탄데르은행은 스페인, 포르투갈, 브라질, 멕시코, 칠레 등에 1만여 개에 달하는 지점 및 자회사를 보유한 글로벌 금융기업이다. 통상적으로 온라인 서비스가 1년 계약으로 이뤄진다는 점을 감안할 때 산탄데르은행과 3년 계약을 맺은 것은 시사하는 바가 매우 크다.

안철수연구소는 이를 온라인 보안 서비스 기술력을 세계가 인정한 사례로 진단한다. 이를 통해 얻은 자신감과 세계적인 기술력을 바탕으로 해외 금융권 공급 확대에 더욱 박차를 가하고 있다.

깐깐한 일본 시장을 감동시켜라

"시티뱅크에서 일했던 경력을 인정받아 한국 대기업에 경력사원으로 입사했지요. 그런데 제가 무슨 일을 했는지 아십니까? 세상에! 전공과는 무관하게 군대식으로 통역을 시키더군요. 정확히 말하면 번역에 가깝죠."

고등학교를 졸업하고 캐나다로 이민을 떠난 곽영욱은 시티뱅크에서 일을 하다가 1996년 한국 대기업의 스카우트 제안을 받았다. 수출 역군이 꿈이었던 그에게 그 스카우트는 달콤한 유혹이었다. 하지만 막상 그에게 주어진 일은 기대를 벗어나도 한참 벗어났다. 그 실상은 함께 입국한 동료 34명이 한국 생활을 접었다는 것으로 충분히 증명이 된다.

그러나 그는 떠날 수 없었다. 아내가 일본인이라는 것도 발길을 잡는 데 한몫했지만, 가장 큰 이유는 사회에 공헌할 수 있는 일을 찾겠다는 평소의 신념 때문이었다. 이미 많은 벤처기업으로부터 프러포즈를 받고 있던 그는 선뜻 내키지 않아 망설이고 있었다. 그러던 차에 헤드헌터로부터 안철수연구소에 대한 얘기를 들었다. 까마득하여 감히 다가설 수 없는 것으로 여겼던 꿈이 실현 가능한 꿈으로 바뀌는 순간이었다.

그는 더 이상 망설일 것도 없이 안철수연구소의 문을 두드렸다. 사회에 공헌할 수 있는 일을 찾던 곽영욱과, 해외사업부를 담당할 인력을 필요로 했던 안철수연구소의 상황은 그렇게 퍼즐처럼 맞아떨어졌다.

"회사 분위기가 그렇게 푸근할 수가 없었어요. 한동안 만나지 못했던 가족을 다시 만난 것처럼 아무런 장벽을 느끼지 못했지요. 은근히 저력까지 있더라고요. 회사 철학이 확실했기에 성장 가능성이 느껴졌거든요. 더욱이 온갖 비밀과 비방이 난무하는 비즈니스 세계와 달리 겉과 속이 똑같은 기업은 처음이었습니다."

그에게 처음으로 부여된 임무는 일본 사업 팀장이었다.

"사장님이 면접 때 가장 먼저 어느 지역을 담당했으면 좋겠느냐고 묻더군요. 제가 볼 때 미국은 너무 멀었어요. 그래서 일본을 택했지요. 거긴 제가 잘 아는 지역이었고 비용 대비 효과를 낼 수 있을 거라 판단했습니다."

실제로 전 세계 소프트웨어 시장의 10퍼센트를 점유하는 일본은 단일국가 규모로 세계 2위에 해당하는 큰 시장이다. 그런데 우리나라 시장 규모는 물론 영국이나 독일, 프랑스보다 큰 일본의 인터넷 보급률은 우리나라보다 뒤처진 상태였다. 여기에 인터넷 회선이 다이얼로그 형식에서 ADSL(비대칭 디지털 가입자 회선)로 넘어가고 있는 상황이라 시장성이 풍부했다. 당시에는 일본으로 진출한 경쟁 회사도 많지 않았다.

상황을 파악한 곽영욱은 만약 제품이 일본에서 팔리기만 한다면 제품의 질은 반드시 높아질 것이라고 확신했다. 하지만 그의 출발은 결코 만만치 않았다. 해외사업팀 1호인 그는 말 그대로 맨땅에 박치기를 하는 수밖에 없었다. 해외 네트워크는커녕 한글판만 달랑 있던 시절, 그는 총판을 개척하기 위해 대한무역투자진흥공사 KOTRA 와 일본무역진흥회 JETRO 등을 적극 활용했다. 먼저 KOTRA 사무실을 본거지 삼아 일본의 총판 등을 직접 방문하거나 전화로 접촉했다. 하루에 수십 통의 메일도 보냈다. 히타치 하이소프트, 소프트뱅크 등이 그의 타깃이었다.

어느 날 히타치의 영업 담당 과장이 곽영욱을 불쌍하게 여겼는지 만나자고 답장을 보내왔다. 얼마나 기뻤던지 곽영욱은 KOTRA의 도쿄 사무실로 한달음에 달려갔다. 그러나 히타치의 영업 담당 과장은 그를 향해 "팸플릿 하나 없는 회사가 뭘 하려고 왔느냐"며 한심한 듯 쓴소리를 해댔다.

물론 안철수연구소는 돌다리도 두들겨보고 건너는 보수적 경영을 하고 있었지만 그렇다고 대기업처럼 모든 준비를 마치고 일을 시작하지는 못했다. 제품이 부족했던 것은 물론 기본적으로 브랜드

인지도가 낮았다. 맨몸으로 부딪치는 수밖에 없었기에 그는 이후 소프트뱅크의 문턱이 닳도록 찾아다녔다.

9월이 다가올 무렵, 결국 소프트뱅크 측에서 당시 일본의 MP3 제품을 한국에 들여와 팔던 한화재팬을 소개해줬다. 한화재팬은 안철수연구소와 달리 일본에 거래계좌가 있었고 대기업 계열사라 신용도도 높았다. 물론 선적과 통관 등의 무역 처리는 기본이었다.

한화재팬으로서도 IT 제품을 수출할 수 있으니 나쁘지 않은 일이었다. 부랴부랴 한화재팬 건물에 콜센터를 아웃소싱하고 일본어판 프로그램을 만들었다. 얼마나 기뻤던지 눈물이 찔끔 나올 정도였다. 그런데 이처럼 온갖 우여곡절 끝에 선적한 제품에 하자가 생기고 말았다.

2000년 9월, 한화재팬 관계자는 불길 속에서 타들어가는 안철수연구소의 V3Pro 2002 일어판 패키지를 바라보고 있었다. 무려 2억 5,000만 원어치가 연기로 사라졌다. 한국에서 무사히 선적을 마치고 일본에 들여온 이 제품은 안타깝게도 글자가 깨지는 오류가 발생했다. 그나마 일본 제1의 유통망인 소프트뱅크에 들어가기 전에 결함을 발견한 것이 다행이었다. 무역 중개를 맡았던 한화재팬 측에서 소프트뱅크에 넘기기 전에 테스트하지 않았다면 국제적으로 톡톡히 망신을 당할 뻔했다.

한국의 실무진은 패치 등의 방법을 제안했지만 곽영욱은 안철수에게 불태울 것을 제안했다. 안철수 역시 단호하게 모두 불태우라고 지시했다. 제품의 첫 이미지가 중요하다는 판단에서였다. 해외

사업으로 눈을 돌린 안철수연구소의 첫 수출작이자 처음으로 일본에 진출한 제품은 그렇게 연기로 사라졌다.

2000년 10월, 두 번째 제품을 실어 보냈다. 그런데 이번에는 소프트뱅크의 테스트 과정에서 콤마 모양이나 일본어에 없는 띄어쓰기, 선 등의 차이가 발견되었다. 연락을 받은 곽영욱은 곧바로 소프트뱅크의 담당 부장을 찾아가 손이 발이 되도록 빌었다. 그런 그에게 부장은 직격탄을 날렸다.

"한국에서 만든 게 다 그렇지 뭐."

지독한 모욕이었다. 그 사람 입장에선 그럴 수도 있는 말이었지만 곽영욱의 입장에서는 시쳇말로 뚜껑 열리는 소리였다. 하지만 그보다 더한 말을 듣는다 해도 참을 수밖에 없는 입장이었다.

이번에도 또 다시 태워버릴 수는 없었다. 패치 형식으로 보완할 수 있을 거라는 판단으로 보완 작업을 했고, 한화재팬 관계자도 적극 도와줬다. 일본에 한 달 가까이 머물며 매달린 결과 다행히 2억 5,000만 원어치의 첫 물량이 일본 전자상가 등에 깔렸다. 제품 자체의 문제가 아닌 언어 문제로 한바탕 곤욕을 치른 셈이다. 물론 일본의 전문기관에 맡길 수도 있었지만 수억 원대의 비용이 지출되는 일이라 쉽지 않았다.

첫 단추를 제대로 꿰는 일은 무척 중요했다. 안철수연구소보다 먼저 일본 시장을 공략한 한국의 다른 소프트웨어 기업은 이미 유사한 문제로 철수한 상태였다. 하지만 그들이 마무리를 깔끔하게 하지 않은 탓에 한국 소프트웨어에 대한 이미지가 좋지 않았다. 똑

같은 전철을 밟는다면 결코 다시는 일본 시장에 발을 내딛을 수 없을 것 같았다. 무엇보다 그들의 눈높이에 맞는 제품을 공급할 수 있다는 신뢰를 쌓아야 했다. 안철수연구소는 패치와 꾸준한 보완 등을 내세우며 악착같이 매달렸고, 결국 일본 열도 상륙에 성공할 수 있었다.

당시 일본에 수출한 제품의 QA를 담당한 노인걸은 일본에서 테스트를 담당했던 업체 관계자와의 일화를 소개했다.

"버그를 400개씩이나 잡아내는 거예요. 그러면서 교과서적인 이야기만 늘어놓더군요. 그래서 말했죠. 그런 교과서적인 이야기 말고 다른 얘기를 해달라고요. 그랬더니 '안철수연구소는 교과서에 나와 있는 것도 제대로 못합니까?'라고 하더군요. 순간, 망치로 한 대 맞은 느낌이었어요."

뭐가 잘못되었는지도 모른 채 밤새도록 일하면서 능률과 무관하게 그것이 최선인 줄 알았던 노인걸에게 그 말은 큰 충격으로 다가왔다.

"교과서에 나와 있는 것도 제대로 못하면서 품질을 논한다는 것이 너무 부끄러웠습니다."

깜짝 놀랄 만한 아이디어의 승부

곽영욱은 경쟁사인 T사와 주식까지 공유한 소프트뱅크만 믿고 있지 않았다. 열심히 발품을 팔던 그는 2001년 PC홈이라는 유통 채널을 소유한 인터채널홀론(구 NEC인터채널)과 만나게 되었다. 인터채널홀론은 일본에서 거의 유일하게 소프트뱅크와 대적할 만한 유통망을 갖추고 있었다.

당시 경마 등 이른바 펀fun 소프트웨어에 주력하던 인터채널홀론은 2001년 5월, 유틸리티 소프트웨어를 찾아 한국과 중국 등을 물색하다 안철수연구소를 방문했다. 저렴하긴 해도 품질이 따라주지 않는 중국 제품 때문에 고민하던 그들은 품질도 우수하고 이미 몇 달간 일본에서 제품을 판매한 경험으로 대화도 통하는 안철수연구소에 대단한 호감을 보였다.

인터채널홀론과의 거래에서 곽영욱은 작전을 조금 바꿨다. 제품의 품질관리와 테스트 등을 아예 맡긴 것이다. 언어의 미세한 차이를 안철수연구소보다 잘 짚을 수 있는 데다 일본에 맞는 마케팅 전략도 펼칠 수 있으리라는 판단 때문이었다. 이때 브랜드는 안철수연구소를 달았지만 제품 이름은 'V3 바이러스 경비대'로 다소 코믹하게 바꿨다.

결과는 대성공이었다. 편의점을 비롯한 여러 소매점에서 30만 카피가 넘게 팔려나갔다. 당시 판매 가격은 2,980엔으로 조금 싼 편이었지만 결과적으로 적정한 가격을 책정한 셈이었다. 인터채널홀론의 브랜드 파워도 한몫했다. 여기에다 신문에 판매점 주문을 받는다는 광고를 하던 날 바이러스가 강타하는 운도 따라주었다.

V3 바이러스 경비대의 대성공으로 안철수연구소는 일본 시장 진출의 탐색기로 불리는 2000~2001년에 교두보를 튼튼하게 확보했

다. 이렇게 해서 일본에서의 판매가 어느 정도 호조를 보이자 2002년 2월 일본 법인을 설립했다. 물론 그 후에도 일본에서 요구하는 수준의 완성도를 갖추기까지는 우여곡절이 많았다.

2002년 1월, 부사장으로 영입된 김철수는 취임한 지 몇 달 지나지 않은 시점에 사업 현황을 파악하고자 일본에 건너갔다가 8개월 동안 장기 체류를 했다. 우리나라의 여관에 해당하는 위클리맨션에서 파견 나간 직원들과 동고동락하며 사업을 진두지휘하는 그의 모습에 일본 파트너들이 감동을 받은 것은 물론 안철수연구소에 대한 시각까지 달라졌다.

안철수연구소는 2000년에 일본에 첫 제품을 수출한 이후 2002년의 본격적인 진입기를 거쳐 2003년 성장 궤도에 진입했다. 그리고 2005년 3월, 김철수는 공격적 경영의 일환으로 새로운 보안 제품인 스파이제로를 독립 제품으로 일본 시장에 선보였다. 당시 판매 총판이던 인터채널홀론의 담당자는 몹시 상기된 목소리로 말했다.

"믿을 수 없었습니다. 그때까지만 해도 안티스파이웨어 제품은 무료로 배포되고 있었고 타사는 모두 스파이웨어를 통합 보안 제품 기능의 하나로 간주하고 있었거든요. 독립된 제품이라니요? 그야말로 깜짝 놀랄 만한 아이디어였죠."

많은 사람이 우려했지만 결과적으로 시장을 보는 김철수의 안목은 정확했다. 출시와 함께 불티나게 팔려나가기 시작했던 것이다. 특히 4월 말부터 온라인 다운로드 방식으로 판매한 스파이웨어 퇴치 제품 스파이제로 2006(스파이제로 2.0의 일본 브랜드)은 빅글로브의 20개 시판 소프트웨어 가운데 단박에 판매 1위에 올랐다. 국산 소프트웨어로는 처음으로 일본 유명 온라인 쇼핑몰에서 판매 1위를 기록한 것이다. 이후 T사도 안철수연구소의 전략을 벤치마킹해 2006년 2월에 안티스파이웨어 제품을 출시했다.

한편 안철수연구소의 일본 법인은 V3와 스파이제로를 하나로 통합한 보안 제품 출시를 결정하고 또 다시 개발에 들어갔다. 그리고 2006년 6월, 기존 제품과 달리 사용자가 설정 변경을 할 필요가 없고, 설치하기만 하면 모든 보안 기능이 자동적으로 기능하는 V3 IS 2007 시리즈를 출시했다.

이어 2007년 9월에는 온라인 보안 서비스 AhnLab MySaaS를 출시했다. 이 도전은 AhnLab MySaaS의 전신인 MyV3와 스파이제로가 일본 최대 케이블 TV 기업인 제이콤이 운영하는 포털 사이트를 통해 약 50만 명의 사용자를 확보하고 있는 것에 탄력을 받았다. 이것은 일본 현지 온라인 보안 서비스 공급 중 최대 규모에 해당하는 성과이다.

해외에서도 이어가는 윤리경영

"파일 공유 프로그램P2P인 위니Winny를 절대 사용하지 마십시오!"

2006년 3월 15일, 기자회견을 하는 일본 관방장관 아베 신조安倍晋三의 목소리에는 다급함이 묻어났다. 2월 초부터 일본을 강타한 웜 위니로 인해 정보 유출 사고가 속출했던 것이다. 이 사건은 전대미

문의 막대한 피해를 초래하면서 커다란 사회적 이슈로 부각되었다.

통상적인 바이러스는 컴퓨터 하드디스크 안의 데이터를 파괴하거나 ID, 패스워드 등의 정보를 특정인에게 송신하는 등의 경우가 대부분이다. 이는 바이러스로 인한 피해가 한정적이었다는 얘기다. 그런데 위니 전용 바이러스 안티니는 달랐다. 하드디스크 안의 개인 데이터를 멋대로 불특정 다수가 접근할 수 있는 P2P 공유 네트워크에 유출해버렸다.

2월 하순, 해상자위대 전함의 암구호와 전투 훈련 내용 등 비밀 정보가 안티니 웜에 감염된 PC에서 위니를 매개로 인터넷에 유출됐는가 하면, 항공자위대에서도 유사한 사건이 일어났다. 원자력 발전소, 증권거래소, 검찰청, 교도소 등의 정부 기밀 자료는 물론 일반 네티즌이 개인 컴퓨터에 저장해둔 사진, e-메일까지 인터넷에 공개됐다.

그 파장은 일본 사회 각계로 확산됐다. 일본 정부는 위니를 통한 정보 유출을 막기 위해 공무원들에게 업무용이 아닌 개인용 컴퓨터 사용금지 조치를 내렸고, 개인용은 물론 업무용 컴퓨터에서 위니를 삭제하는 작업을 병행했다. 또한 외무성과 총무성을 비롯한 각 성청은 개인 소유 컴퓨터의 공공기관 내 사용금지, 기밀 정보의 개인 컴퓨터상 처리금지, 공용 컴퓨터 내 위니 프로그램의 유무 점검 및 삭제 등 각종 대책 마련에 부산했다.

위니의 여파가 상상 이상으로 커지자 안철수연구소 일본 법인은 3월 11일에 현지 대응체제와 고객지원 서비스를 실시했다. 일본 현지에서만 이례적으로 부각되고 있는 악성코드를 진단·치료하기 위한 전용 백신을 보안 업계 최초로 일반에게 무료로 제공했던 것이다. 이어 3월 23일에는 기밀 유출에 대한 우려가 높은 기업용 전용 백신 위니실드도 무료로 제공했다.

이 사실이 알려지자 후지 TV, 닛케이 브로드캐스팅 등 일본 유력 언론사들이 관련 내용을 긴급 취재해 보도하는 등 안철수연구소의 발 빠른 대응에 주목했다. 특히 현지 언론은 안철수가 7년 동안 백신을 무료로 배포한 이후, 지금까지도 주요 보안 이슈 때마다 전용 백신을 무료로 제공하고 있는 안철수연구소에 특별한 관심을 보였다. 당시 법인장이던 이봉기의 말 속엔 그때의 느낌이 그대로 살아 있었다.

"뿌듯했습니다. 일본 현지 컴퓨터 이용자들이 얼마나 고마워하던지… 헤아릴 수 없이 많은 감사의 메시지를 받았어요. 사회에 공헌하는 기업 이미지가 자리 잡은 큰 사건이었죠."

위니에 대한 전용 백신 무료 제공은 일본 내 브랜드 인지도와 신뢰도를 높이는 한편, 일본 시장에서도 창업자 정신을 이어감으로써 사회에 기여하는 기업으로서의 이미지를 구축한 매우 의미 있는 일이었다.

만리장성을 정복한
성실 마케팅

1998년, 국내 보안 업계 최초로 중국 공안부 인증을 따낸 안철수연구소는 CIH 바이러스 대란으로 급속히 성장하는 국내 시장에 대응하기 위해 중국 사업을 유보했다. 물론 이후 사업을 재개했지만 이제 막 해외 시장에 첫걸음을 내디딘 벤처기업이 흔히 그렇듯 출발은 보잘것없었다.

2000년 상반기만 해도 안철수연구소에게 중국은 낯선 땅이었다. 그해 11월에 중국 연락사무소를 세울 때까지 주로 중국 담당자만 중국을 드나드는 형편이었다. 그래도 사업 초기부터 B2C 시장을 직접 공략하려는 계획을 세웠지만 브랜드 인지도가 낮아 어려움을 겪었다. 그러던 차에 2001년 들어 중국 시장에서 온라인 비즈니스가 꿈틀댔다. 소호닷컴 등이 나스닥에 상장하려는 움직임이 있었던 것이다.

온라인 비즈니스의 가능성을 엿본 안철수연구소는 한국과 일본에서의 사업 경험을 바탕으로 온라인 보안 서비스ASP 사업을 시작했다. 하지만 결제 시스템 등의 인프라가 제대로 깔려 있지 않아 돈벌이는 신통치 않았다. 안철수연구소가 온라인 보안 서비스를 내놓기 전까지 중국 시장은 패키지 제품이 전부였던 것이다.

할 수 없이 몇 단계로 나눠 전략적으로 접근했다. 먼저 중국 사용자들이 사업 모델에 충분히 익숙해지도록 만들어야 했다. 이를 위해 안철수연구소의 ASP가 네트워크 환경에 최적이라는 인식을 심는 데 주력했다.

시간이 흐르면서 온라인으로 부담 없이 서비스를 즐기는 사람들이 늘어나자 중국의 10대 ISP(인터넷 서비스 제공 기업), 3721(중국 검색 포털 사이트) 등과 파트너 관계를 맺어 안철수연구소의 제품을 이용하도록 했다. 그 결과 매주 40만 명 이상이 이용하는 소득을 올렸다.

그 다음으로 모뎀 중심에서 브로드밴드로 넘어가던 2003년 하반기부터 유료화 전환을 준비했다. 이용자는 무료로 ASP를 즐기고 비용은 ISP가 내는 모델이었다. 물론 그 후에는 전면 유료화를 진행했다. 비록 매출로 이어지는 데는 다소 시간이 걸렸으나 일본 법인의 사례에서처럼 안정적 수익 기반으로 서서히 자리매김하기 시작했다. ASP 사업으로 브랜드 인지도가 높아진 덕분에 ASP를 제공하고 마케팅이나 광고 협력 등의 형태로 보상을 받았기 때문이다.

안철수연구소가 비교적 짧은 시간 내에 중국 시장에서 나름대로
자리를 잡은 데는 몇 가지 이유가 있다. 먼저, 조심스럽고 철저한
시장 진입 준비를 들 수 있다. 많은 기업이 법인부터 세우고 진출하
는 것과 달리 안철수연구소는 법인을 세워도 될 만한 시장 여건인
지부터 꼼꼼히 따졌다. 아무리 시장이 크고 전망이 있을지라도 안
철수연구소가 할 수 있는 일이 없다면 시간과 돈만 날리는 꼴이 되
기 때문이다.

다음으로는 욕심을 부려 직판에 나서지 않고 OEM 파트너를 잘
골랐다. 안철수연구소는 파트너를 고르는 데 신중에 신중을 거듭했
다. 현지 사정을 잘 모르는 기업일수록 무턱대고 파트너부터 잡아
사업을 빨리 진행하려는 경향이 있지만 안철수연구소는 연락사무
소 형태로 시장에 진입한 후, 시장 조사와 영업을 진행하면서 시간
을 갖고 파트너를 물색했다. 특히 꽌시(關係, 인맥)를 탄탄히 다지기
위해 시간과 공을 많이 들인 것이 주효했다.

안철수연구소는 신의를 쌓고 V3 브랜드의 공익 정신도 이어가기
위해 중국 네티즌에게 MyV3를 무료로 제공했다. 2003년에 사스가
창궐할 때 마스크를 나눠준 것도 같은 맥락이었다. 중국 공안부의
고위 간부가 2003년 안철수연구소를 직접 방문해 국제 보안 세미나
에 안철수를 초청한 것은 이런 신뢰가 바탕이 되었기 때문이다.

밑바닥부터 발로 뛰는 영업도 신뢰 구축의 핵심이다. 경쟁사의
사이트에서 지역별 대리점을 검색해 중국 전역을 다니며 사람을 만
났다. 그들을 만나 보안 산업의 현황과 미래를 논의하기도 하고 더

러는 술도 마시며 친분을 쌓았던 것이다. 심지어 30도가 넘는 광저우廣州에서 미팅을 한 다음 날 폭설이 내리는 베이징으로 출장을 가기도 했다.

결국 2006년 9월, 안철수연구소 중국 법인은 외국 기업으로는 최초로 광둥성廣東省 정부 조달업체로 등록되었다. 또한 안티바이러스 기능과 방화벽 기능이 통합된 PC용 보안 제품인 V3 VirusBlock 2006이 산둥성山東省 초중등학교의 전용 소프트웨어로 지정되었다. 공공 시장에서 신뢰할 수 있는 기업 및 제품으로 공식 인정을 받으며 사업 활성화의 기반을 다진 것이다.

이러한 성장을 바탕으로 2007년 6월에는 국내 소프트웨어 기업으로는 이례적으로 현지화 경영을 통해 투자 확대에 나섰다. V3를 필두로 차세대 네트워크 통합 보안장비인 트러스가드 UTM을 통해 적극적인 공략에 나섰다. 베이징, 상하이, 광저우, 시안西安, 청두成都를 중심으로 중국 5대 지역 판매망을 전역으로 확대해 나갔다.

중국에 악성코드 분석센터를 설립하다

2007년에 접어들면서 중국에서 제작된 것으로 추정되는 악성코드가 날로 기승을 부렸다. 안철수연구소는 본사의 ASEC만 가지고는 중국발 해킹 등 악성코드에 보다 신속한 대응으로 안전한 고객 서비스를 제공할 수 없다는 판단을 내리고, 중국 현지에 ASEC 기능을 갖춘 연구조직의 설립을 결정했다.

조시행을 비롯한 많은 분석가들은 1년 여 동안 중국을 오가며 현지인들로 구성된 ASEC의 설립을 차곡차곡 준비했다. 조시행의 고민은 이때부터 시작됐다. 과연 누구를 중국으로 파견근무 보내 ASEC를 안정화시킬 것인가! 그때 조시행의 고민을 단박에 해결해 준 사람은 2003년에 입사한 이상철이었다. 이런저런 군더더기의 말도 없이 즉시 그러마고 답을 한 것이다.

2008년 3월, 추적추적 비가 내리는 홍차오 공항에 백팩 하나 덜렁 멘 이상철이 발을 내딛으며 상하이의 안철수연구소 ASEC가 활짝 문을 열었다. 일당백을 감당해낼 중국에서의 이상철의 생활도 시작되었다.

언어 소통에서부터 먹는 것, 일하는 자세, 이해 안 되는 생활 문화를 비롯해 쓰촨성四川省 지진으로 근무하던 20층 빌딩을 탈출해야 했던 아찔한 순간까지 온갖 것을 경험한 이상철은 중국에서의 생활을 이렇게 전했다.

"틀리고 맞다의 차원이 아닌, 문화가 다르다는 것을 뼛속 깊이 깨달은 계기였어요. 이전에도 다르다는 것을 알고는 있었지만, 직접 피부로 느낀 건 처음이었거든요. 그래서 머리와 가슴까지 다르다는 것을 이해했습니다. 다름을 알게 되니까 그들과 마찰이 줄었어요. 그 전에는 제가 분석팀장이니까, 한국의 문화를 중국인들에게 주입시키려 했죠. 그들을 바꾸려는 것보다는 제가 변하는 게 더 빠르다는 걸 알게 된 거죠."

이상철은 다름을 깨달은 이후 포기하지 않고 언어를 익히며 현지

인들과 끝없이 커뮤니케이션을 하며 업무를 진행해나갔다. 이상철은 1년 동안 본사와의 원활한 업무 분담이 이루어질 수 있는 가교 역할을 한 후 본사로 업무 복귀를 했다.

많은 사람들이 '처음'이라는 것에 주목하는 이유는 단순히 '소유' 혹은 '성취'의 의미만은 아닐 것이다. 그보다는 그 처음을 이루어내기까지의 지난한 고통과 도전 그리고 감당해냈을 헤아릴 수 없는 희생과 열정을 알기 때문이다.

2010년 현재, 중국의 ASEC는 베이징으로 옮겨 본사와의 업무 분담을 충실히 해내고 있다.

세계적인
통합 보안 기업을 위해

보안 시장의 한류를 이끈다

2004년 10월 22일, 텔레콤말레이시아의 인터넷 서비스 자회사인 TM넷Telecom Malaysia Net으로부터 팩스 한 통이 날아들었다. 안철수연구소와 ASP 사업을 함께하겠다는 내용이었다.

S사 제품을 쓰고 있던 TM넷은 안철수연구소가 제시한 ASP 사업의 수익 공유 방식에 귀가 솔깃했다. 마침 새로운 콘텐츠도 필요한 상황이었다. 하지만 동남아 특유의 느릿느릿한 일처리 탓에 안철수연구소의 해외사업팀이 6월에 접촉을 했음에도 4개월이 지난 10월에야 반응을 보인 것이다.

동남아 시장은 여러 가지로 매력적인 곳이다. 외환위기 이후 글로벌 기업의 생산 기지가 중국으로 대거 이동하면서 위기를 느낀 동남아 각국은 2003년부터 투자를 서둘렀다. 특히 석유를 비롯한 원자재 값 인상에 힘입어 브로드밴드 등의 확충에 적극 나섰고, 모바일 분야와 더불어 온라인 게임 등이 나날이 발전하고 있었다.

해외 시장 확대를 노리던 안철수연구소에겐 새로운 기회였다. 더욱이 한류 등의 영향으로 한국 기업에 친밀한 지역인 데다 지리적으로도 비교적 가까워 24시간 대응체제가 가능했다.

2004년 초, 핵쉴드로 동남아 시장에 발을 내디딘 안철수연구소는 처음에 인도네시아에서 ASP 사업을 펼치려 했다. 하지만 유료화 기반이 너무 약해 말레이시아로 눈을 돌렸다. 우선 시장점유율이 86퍼센트에 이르는 TM넷의 문을 두드렸고 각 부서의 주요 인사는 물론 협력업체 사람까지 고루 만났다. 이미 S사가 시장을 장악하고 있었기 때문에 새롭게 진입하는 것은 쉽지 않은 일이었다. 곽영욱은 "S사보다 작은 기업이지만 더 좋은 서비스를 제공하겠다"는 제안을 하고 도와줄 것을 부탁했다.

다행히 S사가 2004년에 직판을 세운 것이 안철수연구소에게 결정적인 추진력이 됐다. TM넷의 파트너들은 열심히 도와줬더니 직판을 세워 이익을 독차지한다고 강하게 반발했던 것이다. 결국 TM넷과 계약을 맺긴 했지만 말레이시아도 유료화 기반이 약하긴 마찬가지였다. 할 수 없이 ISP 업체의 망 사용료에 ASP 수수료를 의무적으로 포함시켰다. 사실 말이 되지 않는 대목이지만 안철수연구소는 큰힘 들이지 않고 유료화할 수 있었다.

이렇게 맺은 인연이 공고해지면서 2005년 5월 18일에는 TM넷의 모회사인 동남아 최대 통신기업 텔레콤말레이시아 그룹 대표이사

일행이 한국의 콘텐츠 파트너 회사로는 유일하게 안철수연구소를 방문했다. 이들은 안철수연구소가 국내외에서 민간 기업의 위상을 뛰어넘는 높은 기업 이미지와 신뢰성을 갖고 있으며 KT, SKT 같은 국내 주요 통신 기업과도 긴밀한 협력 관계를 맺고 있다는 점을 높이 평가했다. 특히 안철수연구소가 세계 최초로 개발한 모바일 백신 V3Mobile, 해외 글로벌 기업들과 추진 중인 보안 프로젝트 등에 깊은 관심을 보였다.

한편 안철수연구소는 2006년 11월에 베트남 최대 통신회사인 VDC에 온라인 보안 서비스를 공급하며 베트남 보안 시장 공략의 포문을 열었다.

치밀하고 강하게 두드리면 문은 열린다

2005년 6월, 싱가포르에서 2일과 3일에 걸쳐 이틀간 열린 'The PC Show 2005'는 동남아에서 안철수연구소를 보는 눈이 얼마나 달라졌는지를 보여주는 장이었다. 당시 해외사업팀에서 일하던 김인호는 그날의 기억이 지금도 새롭다.

"V3Pro 2004와 스파이제로 5개씩을 전시용으로 가져갔는데, 첫날부터 사겠다는 사람들이 몰려 그날 밤 긴급회의 끝에 부랴부랴 CD만 제작해 5분의 1 가격으로 이틀 동안 100여만 원어치를 팔았습니다."

또한 전시회에서 만난 100여 기업 가운데 10여 기업을 선별해 제품을 주고 테스트하도록 했다. 제품을 원한 기업이 워낙 많아 거래 대상을 고를 정도로 위상이 달라진 것이다. 특히 이 가운데 P사는 서둘러 계약을 맺자고 요구해 첫 물량으로 4,000만 원어치를 보냈다. 이때 제품 패키지 마케팅은 모두 P사가 현지에서 맡았다.

특히 2004년에 핵쉴드를 선보인 안철수연구소는 일본 세가, 인도네시아 볼래넷, 말레이시아 테라ICT 등 아시아 주요 기업과 핵쉴드 공급 계약을 맺었고, 2005년 들어 미국 K2네트워크, 브라질 Net2K 사 등과도 공급 계약을 맺어 국내 보안 업계 최초로 북미와 남미 시장에 진출했다.

또한 2005년 8월에는 네오싸이언과 핵쉴드 및 키보드 보안 솔루션 공급 계약을 맺고 러시아를 포함한 구소련 지역에 서비스하기로 했다. 이 계약으로 구소련 지역 보안 시장에 처음으로 진출하는 성과를 거뒀다.

핵쉴드는 특히 국내 온라인 게임이 돌풍을 일으키고 있는 중국, 일본, 동남아시아, 남미 등에서 큰 인기를 끌고 있다. 이들이 게임과 보안 시장의 한류 바람을 이끌어가는 선두주자 역할을 톡톡히 하고 있는 셈이다. 안철수연구소는 앞으로도 국내 우수 콘텐츠를 적극 발굴해 해외 시장에 동반 진출할 계획이다.

2005년 7월 11일, 안철수연구소는 온라인 게임 보안 솔루션을 앞세워 보안의 종주국이자 가장 큰 시장인 미국에 상륙했다. 물론 쉽지 않은 발걸음이라는 사실은 잘 알고 있었다. 그래도 내딛어야 할 발걸음이기에 서서히 그러면서도 강하게 전략을 펼쳐나갔다.

우선 미국의 현지 게임 전문 배급 업체인 K2네트워크와 게임 보안 솔루션 핵쉴드의 공급 계약 및 파트너십을 맺는 한편, 미국 현지에서 온라인 게임을 공급하고 있는 나온테크와도 핵쉴드 공급 계약을 맺었다.

미국의 경우, 그동안 한인 사회를 중심으로 V3 등을 공급하거나 OEM 방식으로 백신 엔진을 팔아온 것이 전부였다. 핵쉴드 계약이 북미 시장에서의 실질적인 첫 데뷔작이었다. 이로써 일본, 중국, 동남아 등 기존 해외 시장에 이어 북미 지역에도 진출해 글로벌 통합 보안 기업으로 성장하는 데 탄력을 받았다.

한편 핵쉴드가 2005년 8월 러시아에 상륙한 것을 필두로 2006년 9월에는 V3가 유럽에 상륙했다. 베네룩스 3국(벨기에, 네덜란드, 룩셈부르크)의 현지 유통 기업인 SQ네트웍스를 통해 10여 개의 현지 고객사에 V3 제품군을 처음으로 공급했다. 2007년 2월에는 터키와 그리스에도 진출해 현지 공급 업체와 파트너십 계약을 체결했고, 유럽에서 중동에 이르는 전진 기지를 구축했다.

내일로 또 내일로

안철수연구소는 이미 국내에서 상당한 시장 지배력을 갖추고 있다. 하지만 우물 안의 개구리로 남으면 더 이상 성장은 기대할 수 없다. 우리나라 IT 기업의 대표주자 안철수연구소는 그런 측면에서 끊임없이 변화를 시도하는 기업이다. 안철수연구소 자체뿐 아니라 우리나라의 국가경쟁력 차원에서도 반드시 글로벌 기업으로 거듭나야 한다는 것을 잘 알고 있기 때문이다. 이처럼 현실을 직시하며 미래를 내다보는 CEO 김홍선은 안철수연구소의 비전을 이렇게 녹여낸다.

"급변하는 시장 환경에 신속히 대응하는 동시에 내부 역량을 높여 미래 성장 동력을 발굴하는 한편, 글로벌 시장을 적극적으로 공략해야죠."

이는 지난 20년 동안 바이러스 백신과 통합 보안 분야에서 쌓아온 독보적인 기술력과 창업 초기부터 일관되게 유지해온 투명경영에서 비롯된 신뢰를 해외 시장에서도 이어가겠다는 확고한 의지이다.

사실 우리나라의 IT 강국 이미지는 IT 분야의 글로벌 사업에서 많은 이점을 제공한다. 그럼에도 안철수연구소뿐 아니라 IT 기업이 글로벌 사업을 성공적으로 펼치기에는 많은 부분에서 어려움이 따른다. 이것은 범국가적 차원에서 고민해야 할 문제이다.

외형적으로 우리나라 경제 규모는 세계 10위에서 12위로 인정받고 있지만 글로벌 경쟁력 관점에서는 전혀 그렇지 않다. 그렇다면 '글로벌 경쟁력이 있다'고 할 때, 그 경쟁력 요소는 과연 무엇일까?

안철수연구소는 그것을 글로벌 핵심 인재로 꼽는다. 그러면 글로벌 핵심 인재를 보유하기 위해 우리가 풀어야 할 과제는 무엇일까? 해외 언어와 문화, 감각을 비롯해 교육 시스템, 기업의 교육체제 등 과제는 산더미처럼 쌓여 있다.

20세기의 산업 사회에서는 대량생산이 가능한 공장에서 부가가

치가 창출되었지만 21세기의 지식 기반 사회에서는 인재가 그 역할을 한다. 이는 곧 21세기의 인재는 자기 분야에 대한 전문성과 결과에 책임을 지는 자세로 자신이 하는 일을 성과로 연결시킬 수 있어야 한다. 어떤 일을 하든 미래지향적이지 않고, 일을 성과로 연결시키지 않는 것은 진정한 프로라고 할 수 없다.

그런 면에서 안철수연구소는 또 다른 경쟁력, 즉 잠재력을 비축하고 있다. 그 대표적인 것이 20년 넘게 쌓아온 고객과의 신뢰이자 회사 구성원 간의 신뢰이다. 이것이 바로 기업 이미지이고 브랜드 파워이다. 한마디로 핵심 가치라고 할 수 있다.

자금이 넉넉한가, 인재를 많이 확보하고 있는가의 문제 이전에 안철수연구소는 그런 기반이 될 수 있는 가치가 튼튼하다. 아울러 안철수연구소의 뛰어난 제품과 직원들의 기술력은 꾸준히 성장할 수 있는 잠재력을 지니고 있다. 물론 그 잠재력이 실질적으로 성장하고 도약하도록 방향을 잡는 일은 고스란히 안철수연구소의 리더 몫이다. 현재 미래로 가는 안철수연구소의 버스에는 600여 명의 전사가 타고 있다. 그들은 핵심 인재로서의 역량을 차곡차곡 축적하는 동시에 세계 보안의 역사를 책임지기 위해 버스의 속력을 가속화하고 있다.

THE SAFEST NAME IN THE WORLD

08

글로벌 무대에서 존경받는 기업으로

동사형 조직으로
진화하다

혁신과 경영마인드로 조직을 흔들다

기로망양岐路亡羊은 춘추전국 시절의 철학가 양주楊朱의 깨달음에서 유래했다. 양 한 마리를 잃어버린 양주의 이웃 사람이 온 동네 사람을 동원해 양을 찾아 나섰다. 양주의 하인들까지 불려나가 양을 찾았지만 모두 빈손으로 돌아왔다. 이를 본 양주가 이웃 사람에게 물었다.

"그리 많은 사람이 나서서 어째 양 한 마리를 못 찾았습니까?"

그러자 이웃 사람이 대답했다.

"갈림길은 다른 갈림길로 이어지고 또 갈림길로 이어져 결국 찾지 못했습니다."

방향을 제대로 잡지 못할 경우 목적지에 도달할 수 없다는 뻔한 이치 앞에서 양주는 오랜 시간 깊은 생각에 잠겼다.

2008년 8월, 안철수연구소는 갈림길에 서서 어느 방향이 생生을 가리키는지 가늠했다. 겉으로는 평온한 듯했지만 속으로는 회사의 존폐가 달려 있는 깊은 위기감이 감돌았다. 회사 내외의 모든 시선은 2008년 초부터 안철수연구소의 연구개발 조직을 이끌어온 CTO(최고기술책임자) 김홍선을 주목했다. 그는 석 달간 공석이던 안철수연구소의 CEO 자리를 대행하다 IT 벤처 업계 최초로 정식 공모 절차를 거쳐 10월에 CEO로 선임됐다.

"지금은 안철수연구소 역사상 가장 중요한 시점입니다. 그동안 안철수연구소가 고객에게 다가서는 모습이 부족했던 점을 겸허히 반성하고, 앞으로 고객 중심과 현장 경영을 최우선의 경영철학으로 삼겠습니다. 고객을 기반으로 회사 전체 마인드와 시스템을 바꿔 나가겠습니다."

김홍선은 취임사를 통해 리더로서 자신이 해야 할 일에 대해 책임감 있는 말을 했다. 60년대에 태어난 김홍선은 산업화 시대의 맥을 좇아 과학기술에 심취했고, 과학도답게 최초의 국산 방화벽(네트워크 침입을 막는 프로그램)을 개발한 1세대 보안 전문가이다. 이 세상의 그 어떤 성과물도 거저 얻는 사람은 없다. 김홍선의 인생사에도 성공 스토리 뺨치는 실패 스토리가 짱짱하게 버티고 있다. 덕분에 위기를 기회로 뒤집는 두둑한 배짱을 발휘해 홈런을 날리려면 어떻게 해야 하는지 터득할 수 있었다.

'보이는 게 전부가 아니다. 현상에 마음을 빼앗기지 말고 근본적인 원인을 찾자. 대세는 통합보안서비스다. 국내와 해외를 동시에

휘어잡는 해법은 바로 시장이 원하는 제품과 서비스를 제공하는 것에 있다.'

그가 가장 먼저 주목한 것은 조직에 생명을 불어넣는 '인재'였다. 전문지식 및 기술력을 갖춘 인재가 제 위치에서 능력을 충분히 발휘할 수 있어야 조직의 파워가 업그레이드되기 때문이다. 또한 회사 차원에서 기대하는 성과를 얻으려면 각 부문의 핵심적인 팀을 효율적으로 통합할 필요가 있었다. 이러한 목표에 따라 연구개발과 영업 서비스 지원, 새로운 사업모델 발굴 등 현장 중심의 실무형 업무를 위한 조직 정비에 돌입했다.

우선 V3 제품군 사업과 네트워크 등 상호 업무 연관성을 고려해 시너지 효과를 극대화하는 방향으로 사업 중심 체제를 강화시켜 나갔다. 더불어 흩어져 있던 ASEC(시큐리티대응센터), CERT(침해사고대응센터), 보안관제 등의 서비스 조직을 보안서비스본부로 묶어 서비스 사업 기반을 다졌다.

해외시장 역시 고된 혁신의 노력에서 예외적인 영역으로 남아 있을 수는 없었다. 무엇보다 글로벌 사업의 마케팅과 영업을 강화하는 한편 일본, 중국 법인을 본사가 직접 관리하는 형태로 전환했다. 또한 온라인 보안 솔루션 AOS, 모바일 보안 솔루션 V3 Mobile, 핵쉴드 등 글로벌 시장 주력 제품의 연구개발과 기술 지원을 글로벌사업본부 하에 통합했다.

속살의 구조는 물론 피의 흐름마저 거꾸로 돌려놓을 듯한 안철수연구소의 조직 변화는 2008년 11월부터 2010년 5월까지 지속됐다.

핵심은 인재, 인재를 승선시키다

우수 인재를 확보하는 것은 단순히 신규 채용으로 끝나는 일은 아니다. 성장하고 발전하려는 인간의 본능을 충족해주고, 리더십 계발에 열과 성을 다하도록 동기를 만들어주는 것이 무엇보다 중요하다.

2008년 11월, 안철수연구소는 유수의 IT 기업에서 탁월한 영업 및 관리 능력을 발휘한 조동수를 영입했다. 전무의 위치에서 '사업 부문'을 총괄하는 책임 경영 체제를 강화하기 위한 조치였다.

조동수는 "고객의 소리와 시장의 변화에 적극적으로 대응하는 고객지향적인 영업 체제를 구축하고, 협력사와 상생 전략을 펼침으로써 보안 시장에서 우리의 리더십을 강화하기 위해 최선을 다하겠습니다"라고 포부를 밝혔다.

이어 2009년 1월에는 국내 보안 컨설팅 산업의 개척자로 평가 받는 방인구를 영입했다. 보안 컨설팅 분야 1위 기업을 이끌었던 사업본부장 출신으로 20년 넘게 IT 및 보안 컨설팅 경험을 쌓은 전문가이다. 보안 컨설팅은 정보보호 안전진단 서비스로 네트워크의 보안 취약점을 진단하고 대책을 제시하는 서비스이다.

방인구는 이러한 보안 컨설팅 서비스에 소프트웨어가 가지고 있는 노하우를 투입시켜 그것을 서비스화하여 고객에게 제공하는 '컨설팅사업본부'를 진두지휘하게 됐다.

포부를 밝히는 방인구의 목소리에서 강한 자신감이 묻어났다.

"우리 회사는 어떤 보안 기업도 구축하지 못한 시스템을 가지고 있습니다. 이런 장점을 더욱 경쟁력 있게 특화해 국내외를 아우르는 양질의 서비스를 제공하겠습니다.”

그리고 2010년 5월. 안철수연구소는 초대 CMO_{Chief Marketing Officer}(최고 마케팅경영자) 체제를 구축했다. 한글과컴퓨터 대표이사 출신의 김수진을 영입해 전무의 직책을 맡겨 책임 경영 체제를 한층 강화했다.

김수진은 20년 넘게 IT 및 소프트웨어 기업에서 마케팅을 비롯한 경영 전반에 걸쳐 폭넓게 쌓은 업무 경험을 토대로 안철수연구소의 전사 통합 브랜드 마케팅 전략을 총괄한다. 여기에 중장기 제품 로드맵 및 제품전략 수립 및 실행, 신성장 비즈니스 발굴 및 기획 등의 업무도 진행한다.

김수진은 “안철수연구소는 현재보다 미래가 더 기대되는 회사이다. 회사가 존경받는 글로벌 기업으로 발전하는 일에 저의 모든 경험과 지식을 미력하나마 기여하겠다”며 희망의 메시지를 띄웠다.

이렇게 막이 오른 변화는 이내 안철수연구소의 구석구석을 강타하기에 이르렀다.

협력사와 고객의 소리에 귀 기울이다

‘깨진 유리창’은 1982년 3월, 미국의 범죄학자 제임스 윌슨_{James Wilson}과 조지 켈링_{George Kelling}이 도시 범죄의 증폭 현상에 대해 발표한 논문이다. 이 논문에 의하면, 건물 앞을 지나던 행인이 유리창을 깨트리고 간 것을 건물 주인이 그대로 방치해두면 또 다른 행인이 유리창의 나머지도 깨트려 건물 앞은 쓰레기가 쌓여가고, 나아가 절도나 폭력 같은 더 큰 강력범죄가 발생할 확률이 높아진다는 것이다. 깨진 유리창과 같은 사소한 문제를 방치하면 큰 문제로 이어질 가능성이 높다는 얘기이다.

홍보와 마케팅 전문가인 미국의 마이클 레빈_{Michael Levine}은 이 이론을 기업 경영과 조직 관리에 응용해 '깨진 유리창의 법칙'을 만들어 냈다. 기업이 사소한 실수와 미비점을 방치하면 예기치 않은 손실과 치명적인 경영 실패를 부른다는 것이다. 결국, 범죄학이든 경영학이든 '깨진 유리창'은 바로바로 손봐야 한다는 메시지이다. 왜 발생했고, 깨진 유리창은 어떻게 수리를 해야 하고, 신속하게 수리한 기업이 얼마나 큰 보상을 얻게 되는지 생각하게 만드는 이론이다.

2008년 11월, 조동수가 깨진 유리창을 수리하기 위해 제일 먼저 했던 일은 협력사와의 상생을 위한 노력이었다. 협력사로부터 고민을 듣고 '불법무기 자진신고'를 하도록 했다. 즉, 협력사에 안철수연구소의 제품들이 쌓여 있는 것을 전부 반품하도록 조치를 취했다. 제품의 특성상 지속적인 서비스가 수반되기 때문에 매출을 12개월 분할해 계산해야 한다는 해석에 따라 회계가 처리되고 있어 매출을 올리기 위한 영업을 하지 않았음에도 불구하고 협력사로서는 악성 재고를 떠안고 있었던 것이다.

상생을 위한 첫 번째 조치로 제품 모두를 수거했다. 악순환의 고리를 끊고 선순환 구조로 가기 위한 차원에서였다. 이러한 조치는

‘우리는 고객의 소리에 귀 기울이고 고객과의 약속은 반드시 지킨
다’는, 안철수연구소의 핵심 가치와 부합된 것이다.

또 2009년에는 ‘2009 안랩 시큐리티 페어’를 부산, 대전, 전주,
광주, 대구, 서울 등에서 개최해 협력사의 적극적인 동참과 오너십
을 이끌어냈으며 전국 각지의 고객과 직접 만나 고객의 소리를 생
생하게 듣는 장을 마련했다. 또한 통합 보안 솔루션과 통합 보안 서
비스 등 다양한 역량을 적극 알리는 기회를 갖게 됐다. 뭐니 뭐니
해도 가장 큰 성과는 지방의 협력사와 가까워진 점이다.

이 행사를 총괄했던 조동수의 얼굴이 한껏 상기됐다.

“외국 기업의 행사보다 훨씬 많은 고객이 참석했습니다. 협력사
들이 앞장서서 노력해주었기 때문이에요. 그 지역에서 본연의 역할
을 할 수 있도록 안랩이 뒤에서 열심히 돕겠다는 의지가 협력사들
의 마음을 움직인 겁니다.”

모든 비즈니스의 원천은 고객이다. 그 입장에서 생각하고, 고객
이 ‘고객 지향적인 회사’로 느낄 수 있게 ‘2009 안랩 시큐리티 페
어’는 안철수연구소의 모든 부서의 협업으로 치러졌다. 안철수연구
소가 고객에게 어떤 가치를 전달할 수 있는지, 왜 안철수연구소인
지를 보여준 절호의 기회였던 것이다.

조직 내 최초의 롤 모델

안철수연구소의 조직 변화 중에서 빼놓을 수 없는 부문은 인재의

재등용이다. 다른 기업에 비해 재등용된 인재의 비율이 훨씬 높다. 그중 특히 주목할 것은 고광수의 재등용이다.

조동수는 안철수연구소의 총괄 사업 부문의 업무를 맡은 후, 어려움에 처한 회사 상황을 극복해나가는 과정에서 그 일을 함께할 사람이 누구일지에 대해 많은 고민을 했다. 외부 인사의 영입은 일체 고려하지 않았다. 직원들로부터 존경받던 차장들을 모두 영업팀장으로 승진시키면서 기존의 영업팀장들을 모두 교체한 터라 새로운 영업조직을 이끌고 갈 수장은 내부의 능력 있는 인물이어야 했다.

그래서 생각해낸 사람이 고광수였다. 소프트웨어에 대한 회사의 인식을 총 집결시키고 더 공격적으로 움직일 수 있는 조직을 만들기에 그만한 인물이 없었기 때문이다. 고광수는 안철수연구소 창립 초기 멤버였다가 외부로 나간 인물이었다.

조동수는 고광수를 만나 설득을 했고 2009년 1월, 마침내 다섯 번의 설득 끝에 그를 다시 안철수연구소에 승선시켰다. 또 2010년 1월에는 보안사업본부장으로서 기업·공공 고객을 대상으로 V3 제품군과 네트워크 보안 장비 등의 사업을 총괄하는 상무로 승진시켰다.

사업 조직에서 내부 사람이 임원이 된 것은 안철수연구소 창립 이래 처음 있는 일이었다. 그동안은 계속 외부에서 경영진을 영입해 왔다. 조직이 커지면서 경험이 많은 사람이 필요했지만 자체적으로 커온 사람들은 경영을 하기엔 경험이 부족했기 때문이었다. 그러다 보니 최고경영자나 총괄본부장들은 외부 인사를 영입할 수밖에 없었다.

이에 따라 고광수의 승진은 안철수연구소의 직원들에게 고무적인 '롤 모델'이 되었다.

"어깨가 무거운 반면 사명감과 책임감이 느껴집니다. 제가 할 수 있는 일은 사업본부장으로서 숫자를 늘려야 하는 일이죠. 하지만 그에 앞서 후배들이 가지고 있는 역량들을 잘 취합해서 시너지를 낼 수 있게 시스템과 마인드를 만들어가고 싶습니다."

활짝 웃는 고광수의 어린아이 같은 표정에 경영진으로서의 다부진 각오가 겹쳐졌다.

현재 안철수연구소의 하드웨어 개발팀과 기술팀은 고광수가 맡고 있는 보안사업본부에 모두 모여 있다. 고객의 요구사항에 즉시 대응하기 위해서이다.

"하드웨어는 우리 회사가 후발주자예요. 후발주자인 만큼 어려움이 많은 건 사실이에요. 고객의 요구사항을 하나라도 더 듣고 업그레이드시켜 나가는데 최선을 다하고 있습니다."

넥타이 풀고 작업복 차림을 한 고광수의 모습에서 비장감이 느껴졌지만 "조만간 우리 회사가 하드웨어 사업에서 프리즘마크로 가는 교두보가 될 겁니다"라는 말에서 무한한 자신감과 신뢰감이 전해져 왔다. 자신감과 신뢰감 뒤에 반드시 그 뭔가가 있기 때문이다.

한데 모아
가치를 극대화하다

차별화된 서비스와 각종 영양제의 함수 관계

폼 나는 대형 스크린이 정면에 설치돼 있다. 그 위에 수많은 그래프가 도배돼 있고, 검은 화면에 하얀색 글씨가 물처럼 흐르는 모니터 앞에는 최첨단 기술을 가진 컴퓨터 전문가가 분주하게 손을 움직이고 있다. 하지만 그 공간은 늘 폐쇄되어 있다. 밖에선 절대 내부를 들여다볼 수 없다. 빈틈이라도 생겨 눈을 비집고 내부를 들여다볼라 치면, 이내 마술거울이 차단해버린다. 하지 말라면 더 하고 싶고, 못 보게 하면 더 보고 싶어 안달 나는 게 사람의 심리가 아니던가? 그래서일까. 폐쇄된 그 공간을 많은 사람들이 기웃기웃댄다. 동물원 원숭이를 구경하는 것처럼 말이다.

무슨 첩보영화나 베일에 싸인 기관을 소재로 한 드라마의 멋진 장면을 떠올리게 하는 이곳은, 모두가 잠든 사이 대한민국의 보안 24시를 책임지는 보안관제 서비스를 하는 곳이다.

보안관제 서비스는 기업 IT 인프라가 중단 없이 지속적으로 운용될 수 있도록 네트워크 기반에서 흘러 다니는 유해한 트래픽이나 침해성 공격에 대응하는 서비스를 말한다. 이 업무는 기업 고객의 서버를 원격에서 관리해주는 리모트 방법과, 기업 고객에 직접 파견 나가 서비스하는 로컬 방법이 있다.

안철수연구소에서는 전자는 위에서의 드라마 속 멋진 장면처럼 CERT(침해사고대응센터)가 담당하고, 후자는 보안관제팀이 맡는다.

CERT는 대응, 분석, 고객지원의 3개 조직이 있다. 대응 조직은 장비 헬스 체크, 장비 작동 여부, 침해 상황 등을 고객사에 설치된 방화 장비를 통해 SOC(보안관제센터)에서 24시간 감시한다.

분석 조직은 보안 관제 인프라인 ESM(통합보안관리) 시스템을 활용해 모니터링하고, 이벤트가 어디에서 발생했으며 어떻게 조치를 해야 하는지 심도 있게 분석한다. 때에 따라 조금 더 세부적인 차후 대책 수립 업무까지 진행한다.

고객지원 조직에서는 고객사의 장비에 장애가 발생했을 때 원인을 파악하고, 필요시 로컬을 직접 방문해 문제를 해결한다. 자체적으로 보안 장비를 구축해놓았지만 관리에 한계가 있어 보안만 서비스를 위탁하는 순수 관제 업무와, 장비를 살 수 없는 기업에 장비를 임대해주고 운영까지 해주는 임대관제 서비스 업무를 맡고 있다.

"CERT라는 조직은 정부 산하 기관부터 일반 기업까지 전 세계적으로 운영되고 있어요. 하지만 우리 회사처럼 자체적인 보안 장비를 구축하고 ASEC 조직을 함께 운영하는 경우는 세계에서 유일합니다. 고객사의 이벤트를 처리하다보면 ASEC 분석팀의 악성코드 분석 자료를 필요로 할 때가 많죠. 우리는 어느 누구보다 신속하게 정보를 줄 수 있고, 대응해 줄 수 있어요. 고객사는 우리의 ASEC와 CERT의 원활한 정보 공유로 차별화되면서도 신속한 서비스를 제공받습니다."

CERT와 ASEC를 책임지고 있는 임영선의 목소리에선 자부심이 진하게 묻어났다. 또 기업 고객에 직접 파견 나가 서비스를 제공하는 보안관제팀은 주로 보이지 않는 사이버 공격을 탐지해 고객사의 중요 자산을 내외부의 위험으로부터 안전하게 지키는 일을 한다. 이를 위해 공격 시도나 침해 사고를 분석해 적절히 대응하고 예방하는 업무를 한다. 분석이나 악성코드 치료보다 중요한 것은 어디를 통해서 감염되었는지를 파악하는 것이다. 즉, 예방이 포인트이다.

최근 들어 네트워크 트래픽을 폭주하게 하거나, 사용자 PC의 사용을 방해하는 형태의 악성코드는 IT 의존성이 높은 기업(금융, 전자상거래 등)에 치명적인 손실을 가져다 줄 수 있다. 많은 기업들이 이런 악성코드에 감염돼 피해가 있을 때, 안철수연구소의 서비스를 제공받는 고객사에서는 적극적인 예방으로 아무런 피해가 발생하지 않는다는 장점이 있다.

이처럼 CERT와 보안관제팀이 고객에게 차별화된 서비스를 제공하는 동안 그들만의 공간 한 모퉁이에는 색다른 물건들의 숫자가 하나씩 하나씩 늘어나고 있다. 각종 영양제와 한약 박스 등등. 영화나 드라마 속에서 보여주는 멋진 장면이 전부가 아님을 엿볼 수 있다. 24시간 365일, 보이지 않는 적과의 싸움이 쉽지 않음을 일깨워주는 단상이다. 하지만 안철수연구소의 사이버 전사들은 고객에게 최고의 서비스를 제공하고자 늘 스스로를 채찍질하고 있다.

사실 서비스 업무는 놋그릇을 닦는 것과 같다. 놋그릇은 열심히 닦아야만 광이 나기 때문이다. 조금만 게으름을 피웠다가는 당장에 녹이 슬어 쓸모없게 된다. 늘 끊임없는 변화와 노력이 들어가야 한다. 그래서 서비스는 선택의 문제가 아니라 생존의 문제인 것이다.

서비스에 있어 가장 어려운 점은 고객의 요구가 명확하지 않을 때이다. 예를 들어 관제 서비스를 받으면서 PC쪽 서비스를 요구한다거나 또 보안장비, 즉 웹 방화장비를 설치하지 않았는데도 왜 해킹을 방지하지 못하느냐고 따지는 경우도 있다.

"그럴 경우에는 '돈을 더 투자해야 가능한 서비스이다' 라고 말하는 게 맞지만 서비스를 하는 저희들 입장에선 차마 그 말은 할 수 없습니다. 그러한 고객의 요구사항을 통해 서비스가 변화되고 발전하기 때문이지요. 가이드라인을 만드는 것도 앞으로 우리가 해야 할 몫입니다."

임영선의 말에는 서비스에 대한 안철수연구소의 대담한 리더십이 발휘돼야 한다는 진솔함이 묻어났다.

안랩인의 일상다반사_72시간, 해커들과의 사투

발명왕 에디슨은 현대인에게서 잠을 훔쳐간 주범이다. 1913년, 그가 발명한 텅스텐 전구의 등장으로 사람들은 하루 9시간 30분 자던 것을 대략 8시간으로 줄어들게 되었다.

물론 현대인에게서 잠을 빼앗아간 것은 에디슨뿐만이 아니다. 네 시간 자면 합격하고 다섯 시간 자면 낙방한다는 4당5락이라는 신조어는 수많은 수험생의 잠을 빼앗아갔다. 거기에 나폴레옹에서 처칠까지 곳곳에 널린 불면의 영웅신화도 현대인에게서 잠을 앗아간 대표적인 잠 도둑들이다.

그렇다면 사람은 대체 얼마나 잠을 자지 않고 버틸 수 있을까. 굳이 이 질문에 대한 전문가의 실험이 아니더라도 안철수연구소의 보안 전문가들은 일상으로 그 한계를 넘나든다. 2009년 2월 12일, 안철수연구소의 보안 관제 서비스를 받고 있는 일본의 한 고객으로부터 화급한 전화가 걸려왔다.

"회사에서 서비스하고 있는 프로그램 중 하나가 자동으로 실행된 적이 있는데, 그 후 심각한 장애가 발생되고 있습니다. 혹시 해킹 당한 건 아닌지…."

말끝을 흐리는 고객의 목소리엔 다급함이 역력했다. 이에 안철수연구소 CERT팀의 심영섭이 일본으로 급파되었다. 곧 악성코드 분석에 들어갔다. 심영섭은 이미 일본으로 오기 전, 원격 지원으로 '카인'이란 악성 프로그램이 실행된 흔적을 찾아낸 터라 무리 없이 문제를 해결할 수 있으리라 여겼다. 그런데 아니었다. 악성코드에 대한 분석을 거듭할수록 상황이 심각해졌다. 수십 대의 서버에 해커가 침입한 흔적이 있었던 것이다.

심영섭은 황급히 전화기를 집어 들었다. 수십 대에 이르는 서버의 침입 흔적을 찾기 위해선 본사의 CERT팀 전원이 달려들어야 했던 것이다. 주말임에도 아랑곳하지 않고 안철수연구소 본사에는 이내 비상소집령이 내려졌다. 그때부터 72시간 밤샘 작업이 지속됐다. 해커의 교묘한 침입으로 한잠도 잘 수 없는 숨 막히는 과정의 연속이었다.

ASEC에서 악성코드 분석과 함께 루트킷탐지 등을 하는 동안 일본의 심영섭을 비롯한 본사 CERT팀 전원은 고객사의 모든 서버를 점검하기 시작했다. 꼬박 일주일이 걸렸다. 마침내 원인이 되는 서버를 찾아냈고, 그 서버를 분석한 결과 직원들이 사용하는 서버가 악성코드에 감염돼 있는 것을, 역추적과 분석을 통해 완벽한 시나리오를 구성해서 누가 침입했는지를 밝혀냈다.

"처음 해커가 침입한 것은 지난해 12월, 그러니까 대략 3개월 전이었어요. 해커들은 오랜 시간에 걸쳐 이 회사를 타깃으로 아주 치밀하게 해킹 계획을 세웠던 것이죠."

고객사에게 해커들이 어떤 경로로 침투를 시도했고, 재발 방지를 위해 어떻게 해야 하는지 주지시켜 줌과 동시에 전용 백신을 제공하는 것으로 사건은 해결이 됐지만, 더욱 지능적이고 조직적이면서 다양한 기술력을 갖춘 해커들의 움직임에 심영섭은 마음이 착잡하기만 하다. 이처럼 조직적이면서 고도의 기술을 앞세운 해커들을 상대하기 위해서는 몇몇 팀만의 노력으로는 도저히 불가능하기 때문이다.

"고객사에서 매우 고마워했습니다. 잠도 자지 않고 일을 완벽하게 해결해준 것도 그렇고, 무엇보다 안랩이 보안 관제, 악성코드 분석, 모의 해킹 등의 3박자를 갖추고 있는 것에 놀라워했죠."

일본에 있으면서도 본사와의 협조를 통해 해커 공격으로부터 완벽하게 문제를 해결할 수 있었다는 점이 자랑스러운지 심영섭의 말과 표정에 자부심이 묻어났다.

"안철수연구소의 보안기술력의 우수성은 물론 잠들지 않는 벤처정신의 기상에 놀랐습니다"라는 일본 고객사 사장의 칭찬에는 의지의 안랩인들 하루하루의 삶이 얼마나 치열한지 여실히 들여다보인다.

글로벌 시장 공략의 변화

"우리가 우리나라에서 제일 잘할 수 있는 것이 해외에서도 잘할 수 있다고 봅니다. 남을 흉내 내서는 절대 잘할 수 없습니다."

김홍선은 안철수연구소가 지금껏 해오던 해외 사업 전략도 바꿨다. 특화돼 있고 경쟁력이 있는 제품을 중심으로 '선택'과 '집중' 기조 아래 국가별, 거점별 차별화 전략을 수행하고 국내에서 축적한 기술과 역량을 해외 현지에 맞게 집중한다는 전략을 수립했다.

그중에서도 현지 법인이 있는 일본과 중국, 동남아, 북미, 중남미, 유럽 등 각 지역별 고객 요구에 맞춰 보안 관제 서비스를 비롯해 온라인 보안 서비스와 온라인 게임 솔루션 등을 특화시켜 제공한다.

2009년 6월, 안철수연구소는 유럽의 대형 게임 기업에 온라인 게임 보안 솔루션 핵쉴드를 잇달아 공급하며 유럽 시장에서 입지를 공고히 다져갔다. 독일 유수의 게임 포털인 세븐원인터미디어 SevenOne Intermedia, 독일 최대 온라인 게임 기업인 게임포지 GameForge 등에 공급함으로써 유럽 온라인 게임 보안 분야에서 순수 국산 기술을 기반으로 시장을 주도한다. 핵쉴드는 정부 지정 차세대 세계 일류상품으로서 카트라이더, 프리스타일 등 50여 게임에 탑재되어 전 세계 20여 나라에 공급된다.

2009년 10월, 보안 관제 서비스도 일본 시장에 본격적으로 진출했다. 국내 최초로 보안 관제 서비스를 시작한 이래 일본에 선보인 보안관제센터는 해외에서 구축한 첫 번째 사례이기에 더욱 의미가 크다. 이어 홍콩의 메이저 이동통신사인 NWT New World Telecommunication 에 원격 보안 관제 서비스 공급 및 사업 협력을 위한 계약을 체결했다.

2009년 10월에는 미국 캘리포니아 남부 최대 노트북 PC 양판점인 노트북샵닷컴과 V3 패키지 판매 계약을 맺고, 국내 패키지 소프트웨어 사상 처음으로 미국 소비자용 오프라인 유통망을 개척했다. 소프트웨어의 본고장인 미국 시장에 진출해 대한민국 보안기술 전파의 선봉에 서게 된 것이다.

같은 해 11월에는 미국 현지 유수의 보안기업과 손잡고 특수 공공시장 공략에 본격적으로 나섰다. 보안 소프트웨어 및 보안 서비스 전문 기업인 사이버소프트와 제휴해 미국 보안시장 공략을 가속화했다. 국산 소프트웨어가 세계 최대의 소프트웨어 시장인 미국의 공공시장에 진출한 것은 처음 있는 일로, 세계적 수준의 기술력과 보안 서비스 역량을 입증했다는 측면에서 의의가 크다.

그동안 미국 공공 소프트웨어 시장은 난공불락의 영역으로 인식되어 왔으나 안철수연구소는 2009년 8월부터 개인사용자 B2C 오프라인 시장 진출에 이어, 중요 공공시장에도 진출한 것이다. 미국으로 기술 지원 출장을 다녀온 안병무는 한껏 상기된 표정이었다.

"다른 글로벌 기업에 대한 불만은 그런 거였어요. 기술 서비스가 별로 없다는 거죠. 하지만 우리의 장점은 ASEC와 CERT팀이 함께 있잖아요. 악성코드 실험이 있었는데 본사로부터 즉시 응답이 오니까 거기에 있던 모든 사람들이 기립박수를 쳤어요."

이것은 김홍선의 말처럼 '우리가 제일 잘하는 것'이 가장 경쟁력 있다는 것을 보여준 좋은 사례였다.

2010년 5월, 보안 컨설팅 전문 서비스로는 최초로 중국 현지 기업인 이머니를 대상으로 보안컨설팅을 성공적으로 완료했다. 이는 제품 위주의 비즈니스에서 벗어나 우리나라 보안컨설팅이 우수한 보안기술 전문인력을 바탕으로 해외 시장에서도 보안 서비스 비즈니스를 본격화할 수 있음을 보여주었다는 데 의의가 있다.

"우리의 서비스를 녹여낼 수 있는 기획을 해서 해외에 표준화된 제품을 만들어내는 게 꿈입니다. 즉, 우리 제품이 해외의 표준이 되는 거죠."

안철수연구소에 있는 제품이란 제품 모두를 속속들이 뜯어보고 내부를 훤히 꿰뚫고 있는 심송구의 말 속에는 안철수연구소의 미래가 숨어 있다. 그의 말은 수많은 해외 인터넷 기업들이 한국 시장에 들어와 실패한 것과 같은 맥락이다. 그들이 현지화에 실패한 이유는, 자신들의 브랜드만 과시하고 한국의 사용자들의 눈높이를 맞추기 위한 투자와 노력을 등한시했기 때문이다.

안철수연구소는 이를 반면교사로 삼아 더욱더 현지 상황에 맞춰 빠르게 대처하기 위한 경영 전략을 수립해나가고 있다.

보안의 IT 패러다임 변화에 적극 대응하다

또 다른 세상, 사내벤처팀 고슴도치플러스

"집에 다녀오겠습니다."

안철수연구소 한 부서에서 뜻밖의 소리가 들려왔다. 이 무슨 뚱 딴지 같은 소린가 싶어 들여다봤더니 대여섯 명의 직원들 속에서 이창명이 퇴근, 아니 집에 다니러 가며 인사하는 소리였다. 일주일 에 두 번 꼬박 밤을 새며 일하고 매일 밤 12시까지 일하는 이 팀은 게임을 만들어내고 있다.

아니, 통합 보안 회사에서 게임을 만들어?

그 주인공은 2006년 말에 조직된 안철수연구소 사내벤처팀 고슴 도치플러스이다. 고슴도치란 이름은 짐 콜린스의 책《좋은 기업을 넘어 위대한 기업으로 Good to great》에 나오는 고슴도치에서 비롯되었 다. 고슴도치처럼 잔꾀 부리지 않고 플러스(+), 조금 더 잘해보자는 의미에서였다.

미국 유학시절, 송교석은 페이스북 등을 기반으로 얼굴도 모르는 네티즌들과 함께 스토리를 만들어가는 일에 푹 빠진 사람들을 보며 이를 한국에서도 만들어보겠다고 결심했다. 유학에서 돌아온 후, 송교석은 이를 회사에 제안했다.

안철수연구소는 검토를 거쳐 이 분야가 즐거움을 안겨주고, '소셜social'과 '오픈open'을 통해 건전한 인터넷 문화를 구현한다는 공익적 측면이 강하다는 판단을 내리고 이를 받아들였다. 이미 내부 역량이 준비돼 있고 무엇보다 벤처기업이 사업하기에 좋은 모델이며 글로벌로 나가기에 용이했던 것이다. 즉, 보안 업무 이외에 다른 일을 할 수 있는 기회라 여겼던 것이다.

국내 대표 소셜 애플리케이션 개발팀인 고슴도치플러스가 탄생한 배경이다. 2008년 국내에서 최초로 소셜네트워킹 서비스SNS인 아이디테일에 구글 오픈 소셜 플랫폼을 구현하고, 일반 개발자들이 소셜네트워킹을 위한 애플리케이션을 개발해 등록할 수 있도록 하는 등 선도적인 기술을 보유하며 웹서비스 개방을 주도했다.

고슴도치플러스팀의 주력 제품은 소셜네트워크 게임이다. 소셜네트워크 게임은 악센트가 게임에 있는 것이 아니라 소셜에 있다. 즉, 상호간에 친목을 도모하는 것을 목적으로 한다. 게임은 소통의 매개체일 뿐이다. 외국에서는 마이스페이스, 페이스북, 믹시Mixi 등에서 이미 활성화돼 있고, 국내에서는 네이트(싸이월드) 앱스토어가 오픈되어 안철수연구소의 소셜 게임이 시장을 주도하고 있다.

2009년 4월, 드디어 고슴도치플러스팀이 미국 페이스북에 1촌끼리 쫓고 쫓기는 추격 게임인 '캐치미이프유캔Catch me if you can'을 선보였다. 뜻밖에 많은 사용자를 확보하며 인기를 끌었고, 그것을 기반으로 9월에는 네이트 앱스토어에 9개의 게임을 올렸다. 미국에서 먼저 인정을 받고, 다수의 게임을 개발해 국내에 선보인 경험은 고슴도치플러스만의 장점이자 독보적이라 할 수 있다.

그러나 고슴도치플러스팀은 창설 이래 '오픈'과 '소셜'이라는 큰 기조 아래 사업 방향이 여러 번 바뀌는 진통을 겪었다. 더러는 오픈아이디OpenID를 기반으로 한 아이디테일 플랫폼을 서비스했다가 애플리케이션이 없어 남보다 앞서 소셜 게임을 만드는 것에 대해 "오픈아이디 하다가 게임하고 있냐?"며 우려하는 이들도 많았다. 이러한 변화 대해 송교석은 조심스레 말했다.

"내부적으로 방향을 바꾼 건 나쁘지 않다고 생각합니다. 어떤 스타트업 회사를 보더라도 처음 계획한 대로 그대로 되진 않습니다. 그렇다고 오픈과 소셜이라는 큰 테두리가 변한 건 아니니까요. 유연하게 변했을 뿐이죠. 스티브 잡스 말마따나 이것저것 경험한 모든 것들이 오늘날의 그를 만들었듯, 앞전의 경험들이 우리로 하여금 소셜 게임을 만들어낼 수 있게 한 원동력이 되었으니까요."

2009년 10월, 고슴도치플러스팀은 또 하나의 의미 있는 일을 했다. 일본 믹시에 진출해 국내 소셜네트워크 애플리케이션의 가능성을 확대한 것이다. 또한 네이트 앱스토어에 서비스 중인 '해피' 시리즈는 수익 모델의 가능성을 확인해주었다. 해피 가든, 해피 타운에 이은 해피 아이돌은 손익분기점을 돌파하며 소셜 게임 분야에서 독보적 위치로 자리매김했다.

한편 안철수의 고슴도치플러스팀에 대한 관심도 의미가 있다. 2005년 자신이 만든 회사의 대표이사 자리를 내놓고 미국 유학을 떠났을 때도 화상 미팅을 통해 조언과 지원을 아낌없이 해주었으며, 유학을 마치고 카이스트 석좌교수로 돌아와서도 고슴도치플러스팀 회의에 참석하는 등 남다른 사랑을 보이고 있다.

사실 고슴도치플러스팀이 시도하는 대부분의 일은 항상 트렌드를 앞서나가는 일이었다. 국내에서 시장이 형성되지 않은 상황에서 시작한 일이라 늘 어려움이 수식어처럼 따라다닌다. 시장의 환경을 조금씩 바꿔나가며 하는 일이어서 더더욱 그러하다. 그럼에도 불구하고 IT 업계의 내로라하는 전문가들이 트위터를 통해 응원의 메시지를 띄운다.

"고슴도치플러스팀이 롤 모델이 돼야 업계가 힘을 받습니다. 힘내십시오!"

송교석은 메시지에 숨어 있는 의미를 놓치지 않는다.

"저희 팀이 잘 돼야, 다른 벤처 기업들도 일자리 창출을 할 수 있거든요."

2010년 7월, 고슴도치플러스팀은 빠르고 정확하고 완벽한 팀워크를 토대로 더 많은 플랫폼에서 소셜 게임을 서비스하는 한편, 향후 PC 및 모바일을 아우르는 다양한 게임을 개발해 소셜네트워크 서비스의 성공 모델을 만들어갈 것이다.

DDoS 대란,
사이버 전쟁의 시작이었다

세상엔 마음먹은 대로, 정성들인 대로, 노력이나 준비한 것만으로 다 되지 않아 이루어질 수 없는 일들이 허다하다. 더욱이 운까지 들먹이며 의존해야 하는 상황에 이르러서는 더 말할 나위가 없다. 그럴 땐 난감하기 이를 데 없다. 열심히 했다고 자위하기에는 현실의 고단함이 너무 뻔히 보이고, 다음에 더 잘하자고 격려하기엔 또 다른 기회가 언제 주어질지 불안하기 짝이 없다.

그러나 사람이 하는 일에서 불가능은 없다. 하지 못할 게 없고, 되지 않을 게 없다. 세상은 이성, 육신, 자본, 물질만으로는 움직이지 않는다. 오히려 감성과 열정 등의 사명감으로 일하며 살아가는 게 사람 사는 일의 본질이고 핵심일 수도 있기 때문이다.

특히 안철수연구소 사람들에게 있어 '사명감'은 더욱 그러하다.

2009년 7월 7일 저녁. 안철수연구소 ASEC의 조시행은 국가정보원과 KISA(한국인터넷진흥원)로부터 다급한 전화를 받았다. 청와대를 비롯해 주요 언론사가 디도스(분산서비스거부, DDoS) 공격을 받았다는 통지와 함께 이에 대한 정보가 있는지를 물어왔던 것이다. 조시행은 즉시 회사로 전화를 걸어 상황 파악을 지시했고, 이내 회사로 달려 나왔다. 실제로 7월 7일 오후 6시, 디도스는 미국을 공격한 후, 우리나라 청와대를 비롯해 국내 주요 사이트의 업무를 2시간째 마비시키고 있었다.

디도스 대란의 시작이었다. 2003년 1.25 인터넷 대란 이후 초유의 비상사태였다. 일본 출장 중인 김홍선이 급거 귀국을 하면서 안철수연구소는 국가적 사이버 재난 사태를 맞아 공익적 차원의 국민 안전을 위해 즉시 비상 대응 체제를 가동했다. 일종의 컨트롤타워 역할을 하게 된 것이다. 여기에는 ASEC, CERT, 고객지원, 기술지원, 커뮤니케이션 등 대내외 대응 책임자들이 한 자리에 모였다. 국가적 위기 상황에 신속하고 정확한 소통과 의사결정이 가능하게 된 것이다.

이에 앞서 ASEC 대응팀의 박태환은 7월 6일, 이미 디도스 관련 샘플을 채취해 분석 1팀에 접수시켰다. 하지만 정보도 불안했고, 분석도 덜 된 상태라 엔진에 정보만 추가해 놓았다.

"처음엔 일반적인 악성코드로 대응을 했었습니다. 하지만 뭔가 의도를 가지고 있는 것 같아 주의해서 보기 시작했죠. 이어서 연관성 있는 샘플들이 여러 경로로 조각조각 들어왔고, 분석팀에 종합적인 확인을 요청했습니다.”

7월 7일, 상태가 악화되면서 분석1팀은 정밀분석에 들어갔다. 이전에 볼 수 없었던 새로운 기능이 발견되면서 심각하게 대응에 나섰다. 사실 디도스 공격은 늘 있어왔다. 그때까지만 해도 디도스의 형태는 노트 패드 한 개 크기의 A.exe 파일 하나가 실행되었기 때문에 A.exe만 분석하면 디도스 공격은 충분히 막아낼 수 있었다.

하지만 7월 7일에 침투된 디도스 파일의 패러다임은 지금껏 존재하지 않았던 형태의 파일이었다. 단 하나의 파일이 아니라 10개가 넘는 파일이 유기적으로 조합돼 움직였던 것이다. 그런 악성코드가 설치된 PC는 이른바 ‘좀비 PC’가 되어 일제히 특정 웹사이트를 공격했다. 청와대를 비롯해 국방부, 옥션, 야후, 백악관 등 국내 13개, 해외 22개 사이트로 코딩돼 있었다.

안철수연구소 분석 1팀 유승열을 비롯해 이승희 등은 각자 파일의 밤샘 분석에 들어갔다. 그러면서 각자 분석한 파일의 조각을 모아 정보를 수렴해나가기 시작했다. 다른 사람이 분석한 파일은 어떤 역할을 했고, 또 다른 사람이 분석한 파일은 어떤 역할을 하는지 등의 의견을 조합하니 악성코드의 그림이 대략 나오기 시작했다. 디도스 공격에 사용한 악성코드를 암호 해독한 결과 오후 6시에 동시 다발적으로 주요 사이트에 디도스 공격을 한다는 것을 알아냈던 것이다. 결과는 정확했다.

7월 8일 오후 6시, 국가 주요 사이트가 일제히 디도스 공격을 받았다. 그러나 안철수연구소의 보안 전문가와 기술지원 요원들이 사전에 예측된 주요 기관 사이트들을 큰 피해 없이 완벽히 방어했다. 심지어 안철수연구소 사이트도 공격을 받았다.

다음 날, CNN과 알자지라 등 국내외 언론에서 김홍선에게 인터뷰가 쇄도했다.

"대단히 놀랍습니다. 어떻게 정확히 공격 사이트와 시간을 예측할 수 있었습니까?"

"저희 연구원들 덕분입니다. 국가적 피해를 막기 위해 세계에서 가장 빨리 분석해냈으니까요."

그날 밤, 국내 방송사들은 안철수연구소 연구원들이 사이버 전쟁을 치르는 현장에서 직접 중계방송하듯이 열띤 취재 경쟁에 나섰다. 황미경은 쏟아지는 국내외 취재 열기에 그야말로 눈코 뜰 새 없었다. 고객 지원에 나선 최문자 역시 하루 종일 걸려오는 문의 전화에 파김치가 됐지만 고객 한 분이라도 더 피해를 입지 않도록 응대했다.

악성코드 대응에 나선 권동훈을 비롯한 ASEC와 CERT 대응 요원들도 밤낮이 따로 없었다. 그들의 슬로건처럼 '나라를 지킨다, 지구를 지킨다'는 사명감으로 아무런 보상이 없는 국가적 재난에 맡은 바 책임을 다할 뿐이었다.

그날 늦은 오후, 방송통신위원회에서 국가 비상대책회의가 열렸다. 회의에 참석한 김홍선은 기자들의 요구에 즉석 기자회견에 나서야 했다. 보안 전문가인 김홍선이 말하는 디도스 대란을 듣고 싶어서였다. 주요 방송사의 저녁 톱뉴스 역시 디도스 대란이었다. 국민들의 눈과 귀는 김홍선에게 집중되었다.

　실제 악성코드에는 스케줄러 기능이 설계돼 있어 24시간 단위로 공격이 예정돼 있었다. 1차 공격 대상 사이트 중 7개 사이트를 겨냥해 7월 9일 오후 6시부터 7월 10일 오후 6시까지 DDoS 공격을 하도록 코딩돼 있었다. 공격 대상과 시간은 변종 등에 의해 수시로 변경이 가능한 상태였다. 또한 7월 8일 오후 6시부터 7월 9일 오후 6시에는 안철수연구소를 비롯한 13개 사이트를 공격하도록 설계돼 있었다. 이는 7월 7일에 발생한 공격 대상에서 변경된 것으로, 공격 대상 목록을 담은 파일을 악성코드에서 자체 생성하게 한 것으로 추정됐다. 어쨌든 7월 10일 오후 6시까지는 DDoS 공격이 지속되도록 돼 있었다.

　이에 안철수연구소는 7월 8일 오후 1시 29분. 밤새 제작한 1차 전용 백신을 사용자들에게 무료로 제공했다. 이어 7월 8일 저녁부터 안철수연구소를 비롯한 국내 웹사이트를 겨냥한 2차 DDoS 공격이 발생함에 따라 2차 전용 백신 개발에 들어가 7월 9일 새벽 2시부터 백신을 무료로 제공했다. 이는 전세계에서 DDoS 공격에 이용되는 악성코드를 완벽히 진단·치료하는 백신으로서 V3가 최초이다.

　이처럼 안철수연구소가 DDoS 공격 후 18시간 만에 전용 백신을 내놓는 등 DDoS 공격 당시 해당 기관의 피해를 줄이기 위해 발 빠른 대응책을 마련하자 국내는 물론 해외 언론의 관심은 매우 컸다. 유례없는 사이버 공격에 대한 안철수연구소의 맹활약에 CNN과 알자지라, 중국 CCTV 등이 앞다퉈 취재 및 보도를 했다. 3차 공격 시점과 대상을 분석해낸 것과 좀비 PC 데이터 파괴에 대한 예측을 내놓은 것에 매우 큰 관심을 보였다.

한편 조시행은 그 DDoS 분석에 관한 정보를 KISA, 방통위, 국정원, 검찰 등에 전달하면서 다시 한 번 보안 수칙을 강조했다.

"사용자의 PC가 DDoS 공격에 악용되지 않게 하기 위해선 평소 보안 수칙을 실천하는 게 중요합니다."

DDoS에 대한 분석 내용이 언론에 보도되고, 각 방송사의 뉴스에 보도되면서 안철수연구소의 고객지원팀도 업무가 마비되었다. 폭주하는 전화에 업무를 볼 수 없었던 것이다. 인터넷사업팀과 서비스팀도 이러한 사실을 고객에게 일일이 알리느라 정신이 없었다. 그리고 모두를 충격에 빠트리는 재난이 기다리고 있었다. DDoS 2차 공격 시점에 추가로 발견돼 분석1팀 이승희에게 전달된 악성코드 때문이었다. 악성코드를 분석하던 이승희의 입에선 깊은 한숨이 절로 터져 나왔다.

"좀비 PC의 하드디스크 데이터가 죄다 파괴될 것 같은데요!"

추가로 발견된 악성코드에 그 공격 모듈이 탑재돼 있었던 것이다.

정확한 예측과 또 다른 DDoS 공격

2009년 7월 9일 오후 6시 50분, 안철수연구소는 3차 DDoS 공격과 함께 개인의 PC에 치명적인 손상을 입힐 거라는 예측을 언론에 발표했다. 공격하는 시간에 대한 정확한 정보가 없었기에 공격 대상인 개인 PC의 보안 관리에 각별히 신경 쓸 것을 잊지 않고 당부했다.

정부 관련 부서는 비상이었고, 세상의 모든 눈과 귀도 온통 안철수연구소에 쏠렸다. 방송 3사를 비롯한 수많은 언론 매체에서는 메인 뉴스를 통해 소식을 전하는 가운데 급박한 상황이 이어졌다.

오후 9시 30분. 안철수연구소는 국정원으로부터 좀비 PC가 파괴될 시간이 7월 10일 0시인 것 같으니 이를 확인해달라는 요청을 받았다. 분석1팀은 가능성을 좁혀 다시 정밀 분석에 들어갔다. 1분1초가 급박했다. 3일 동안 잠도 제대로 못 자고 먹지도 못한 상태에서 분석1팀의 피 말리는 작업은 계속됐다. 분석1팀이 분석해내는 과정들과 복잡한 여러 파일들 간의 연관성에 대한 시스템 관계도를 만들어내기 위해 대응팀이 협력 작업을 했고 이는 방송국 카메라에 실시간으로 담아질 정도로 상황은 긴박했다.

그리고 오후 10시 30분. 분석1팀은 드디어 분석을 끝냈다. 좀비 PC가 파괴될 시간은 7월 10일 0시가 맞았던 것이다. 여기에 7월 10일 오후 6시로 디도스 공격이 끝날 거라는 것도 분석되어 나왔다.

그러나 안철수연구소는 3차 공격에 대한 정보와 해당 사이트 관리자들에게 공개하는 문제에 대해선 고민하지 않을 수 없었다. 만의 하나 분석해낸 정보가 틀릴 경우에는 그 데미지가 엄청날 수 있었기 때문이다. 하지만 미리 알고 준비해서 나쁠 것 없다는 결론을 내리고 안철수연구소는 이 사실을 공개하기로 했다.

7월 9일 밤 10시 50분. 조시행은 대기하고 있던 방통위에 이 사실을 알렸다. 그러자 방통위는 곧바로 보도 자료를 내보냈고, 당시 방송하고 있던 프로그램 자막에 이러한 사실을 공고했다.

7월 10일 오전. 조시행은 KT 임원으로부터 전화 한 통을 받았다.

"아직도 안랩닷컴은 디도스 공격을 받고 있습니까?"

무슨 소린가 싶어 확인한 결과, 안랩닷컴의 전용 백신 다운로드와 엔진 업데이트하는 부분이 폭주를 하고 있었다. 그전까지는 언론에서 DDoS 공격에 대비해 미리미리 준비를 하라고 강조해도 아무런 반응을 보이지 않던 개인 사용자들이 개인의 하드디스크가 날아간다고 하니까 그제야 안랩닷컴에 일시에 접속을 시도한 것이다.

안철수연구소가 DDoS 공격에 대비해 트래픽을 분산시켜 공격을 피했던 반면, 안랩닷컴은 실제로 전용 백신을 다운받는 개인 사용자들에 의해 DDoS 공격을 받은 셈이었다. 기네스에 오를 일이었다. 몇 시간 동안 3백만 명이 전용 백신을 다운로드 받은 것은 세계에서 그 유례를 찾아볼 수 없는 일이었던 것이다.

끝나지 않은 전쟁

7월 10일 오후. 안철수연구소는 비로소 비상 해제를 선언했다. 누가, 왜, 어떤 목적으로 감행했는지도 모르는 DDoS 공격은 3일간 계속됐다. 하지만 그 공격을 완벽히 막아서 비상 해제를 선언한 것이 아니라 더는 공격해오지 않아 끝을 냈다는 점에 있어서는 생각해야 될 여러 가지 구조적인 문제가 남겨져 있다.

첫째는 사이버 테러에 대한 국가 차원의 컨트롤타워 부재이다. 이는 홍수가 났을 때 재해대책본부 없이 재난을 눈 뜨고 지켜보는 것과 다름없는 일이다. 각 기관별로 정보가 투명하게 실시간 공유돼야 일사불란하게 대처하고 대응할 수 있으나 조직이 흩어져 있으면 정보 공유가 되지 않는다. 또한 각자 확인한 얘기만 발표하다보니 혼란만 가중시킨다. 재난 대응은 결국 시간 싸움이다. 그 중요성에 대한 인식이 낮은 것은 큰 문제점이다. 안철수연구소는 그 혼란을 피하기 위해 창구를 커뮤니케이션팀으로 단일화해 정확한 사실만을 발표했다.

그보다 더더욱 부끄러운 것은 참담할 정도로 우리의 보안 수준이 낮다는 점에 있다. 인터넷 서비스와 기술은 세계 선진국 수준일지 모르지만 보안 수준은 겉만 번지르르한 부실공사 투성이이다.

선진국에서는 1년 IT 투자 예산의 약 10%를 정보보안에 투자한다. 반면 우리나라는 1%도 아까워하는 상황이다. 정부도, 기업도, 개인도 보안에 대한 관심이 없다보니 인력이 턱없이 부족하다. 정부 차원의 보안에 대한 근본적인 대책이 필요하다. 그나마 한 가지 다행스러운 것은 이제 개인이 이용하는 PC가 자신도 모르는 사이에 남에게 피해를 주는 가해자가 될 수 있다는 사실을 인식하게 됐다는 정도이다.

PC는 자동차와 비슷하다. 자동차는 한 개인의 소유이지만 운전을 할 때는 법과 질서를 지켜야 한다. PC도 개인 소유지만 인터넷 세상에서는 룰과 에티켓을 지켜야 한다. 수많은 좀비 PC 소유자들도 개인은 아무 잘못이 없지만, 자신이 소유한 PC가 해킹에 이용돼 다른 사람에게 피해를 입히고, 범죄에 이용당할 수 있다는 사실을 명

심해야 한다. 그러면 자신이 어떻게 해야 되는지 답이 보일 것이다.

특히나 이번 DDoS 공격 형태는 그 유례를 찾아볼 수가 없다. 보통은 특정 기업을 상대로 위협을 하고, 협박을 해서 돈을 뜯을 목적으로 공격을 하지만, 이번의 경우처럼 동시다발적으로 그것도 여러 정부기관과 대형 포털을 상대로 공격하면서 의도를 드러내지 않았다는 것은 우리 모두를 더욱 두렵게 만들었다. 또한 공격의 무기가 일반 사용자들이 사용하는 PC였다는 점은 마음만 먹으면 언제든 또 다시 공격해올 수 있다는 여지를 남겨둔 것이다.

"우리 분석1팀에는 하루에도 복잡한 샘플이 수만 개씩 접수됩니다. 그 많은 샘플들을 다 처리하기 위해 하루하루가 매우 바쁩니다. 다른 샘플들을 분석하는 거나, 이번 DDoS 공격 때의 샘플을 처리하는 거나 우리의 일은 똑같아요. 실상 분석팀의 하루하루는 DDoS 사건 때보다 더 치열합니다. DDoS 사건 때 했던 업무를 일 년 365일 매일 하고 있는 거죠."

분석1팀 유승열의 말은 자신들의 노고를 알아주길 바라는 게 아니다.

"이런 사건은 시작과 끝을 하루라고 봅니다. 물리적으로는 며칠이 걸렸다고 얘기를 하지만, 우리들에게 있어 그 사건은 반드시 종결시켜야 하는 것으로 긴 하루라고 보는 게 맞죠."

대응팀의 박태환 역시 자신들의 노고와 고단함을 이야기하기 전에, 반드시 종결시켜야 하는 사건으로 인식하고 있다. 이는 이 땅의 보안 전문가로서의 사명감이며, DDoS 공격이 아니더라도 위험은 늘 도사리고 있으므로 피해를 최소화하기 위해선 개개인의 정보보안 수준을 높여야 한다는 의미가 내재돼 있는 말이다. 누가 시키지 않아도 스스로 일을 찾아 처리하는 안철수연구소 사람들 모두의 마음이기도 하다.

모 언론사는 '사이버전쟁, 관군은 없고 의병만 있었다'는 제목으로 안철수연구소의 활약을 칭송했다. 그러나 안철수연구소와 함께 주요 정부기관이 협력해 디도스 대란을 막은 결과였다. 다만 안철수연구소의 준비되고 축적된 역량과 전문성이 빛을 발한 것뿐이었다. 민간과 공공기관 보안 전문가들은 한 마음 한 뜻으로 국가적 사이버 재난에 대응했고, 결국 이겨낼 수 있었다. '음지에서 일하고 양지를 지향한다'는 말이 새삼스럽지 않았다.

김홍선은 사이버 전쟁은 끝나지 않았다고 말한다.

"언제라도 제2의 7.7 디도스 대란은 다시 발생할 수 있습니다. 사이버 전쟁의 시작일 수 있죠. 미리 준비하지 않으면 더 큰 국가적 피해를 당할 수 있습니다. 이제 보안은 선택이 아니라 필수입니다. 기업이라면 디도스 공격과 같은 사태에서 보안 전문가의 유무가 기업의 흥망을 좌우할 수 있습니다. 최고경영자가 나서 보안을 최우선 과제로 삼아 사전에 투자를 해야 합니다."

결국 DDoS 사태는 정부 차원의 근본적인 대책과 개개인의 정보보안 의식을 높여야 하는 과제를 남긴 채 끝났다. 그런 인식마저도 부디 냄비 근성으로 끝나지 않기를 바랄 뿐이다.

**DDoS 공격에 이용되는 악성코드에 감염되지 않기 위한
10가지 보안 수칙**

- 윈도 운영체계는 최신 보안 패치를 모두 적용한다.

- 인터넷 로그인 계정의 패스워드를 자주 변경하고, 영문/숫자/특수문자 조합으로 6자리 이상으로 설정한다. 로그인 ID와 패스워드를 동일하게 설정하지 않는다.

- 웹 서핑 때 액티브X '보안경고' 창이 뜰 경우에는 신뢰할 수 있는 기관의 서명이 있는 경우에만 프로그램 설치에 동의하는 '예'를 클릭한다. 잘 모르는 프로그램을 설치하겠다는 경고가 나오면 '예', '아니오' 중 어느 것도 선택하지 않고 창을 닫는다.

- 이메일 확인 시 발신인이 불분명하거나 수상한 첨부 파일이 있는 것은 모두 삭제한다.

- 메신저 프로그램 사용 시 메시지를 통해 URL이나 파일이 첨부되어 올 경우 함부로 클릭하거나 실행하지 않는다. 메시지를 보낸 이가 직접 보낸 것이 맞는지를 먼저 확인한다.

- PtoP 프로그램 사용 시 파일을 다운로드할 때는 반드시 보안 제품으로 검사한 후 사용한다. 또한 트로이목마 등에 의해 지정하지 않은 폴더가 오픈되지 않도록 주의한다.

- 정품 소프트웨어를 사용한다. 인터넷을 통해 불법 소프트웨어를 다운로드해 설치하는 경우 이를 통해 악성코드가 설치

될 가능성이 높기 때문이다.

- 외부 침입자가 나의 시스템을 불법적으로 사용하지 못하도록 공유 권한은 '읽기'로 설정해 놓고 사용한 후에는 공유를 해제한다.

- 안철수연구소의 V3 제품군을 설치하면 모든 악성코드를 예방·진단·치료할 수 있다. 네트워크로 드나드는 사용자 시스템의 모든 트래픽 현황을 한눈에 볼 수 있어 웜 등 비정상적인 트래픽을 유발하는 악성코드의 접근 상태를 확인해 신속하게 차단할 수 있다.

- 보안 제품은 설치 후 항상 최신 버전의 엔진으로 유지하고, 부팅 후 보안 제품이 자동 업데이트되도록 설정하고, 시스템 감시 기능이 항상 작동하도록 설정한다.

V3 모바일,
글로벌 브랜드로 거듭나다

또 하나의 명품 도전, V3 모바일

스마트폰은 PC와는 사상이 다르다. PC는 사용자가 악성코드를 만들거나 혹은 실행할 파일을 못 쓰게 만드는 거라면, 스마트폰 사상은 스마트폰 자체가 사용자 자신이라는 점에 있다. 그 안에 자기 자신과 관련된 연락처를 보관하는 등 지극히 개인적인 프라이버시를 갖고 있다. 여기서 발생하는 모든 행태가 친구나 지인들에게 악성 SMS 문자를 발송하는 점이다.

PC처럼 사용자를 위장한 것이 아니라, 사용자 자기 폰에서 직접 발송하는 것이다. PC는 좀비가 돼서 실행될 수도 있지만 스마트폰에서 SMS를 보내게 되면 자칫 개인과 개인이 가지고 있는 신뢰를 깰 수 있다.

또 하나는 데이터 요금을 많이 쓰도록 한다는 점이다. 자신이 의도하지 않았는데도 데이터 요금을 쓰도록 딴 짓을 하게 한다. 실질적인 금전과 관련된 이슈를 발생시킬 수 있다.

이처럼 스마트폰이 활성화된 배경에는 컨버전스, 소셜네트워크, 성숙된 인터넷 인프라 등이 자리 잡고 있다. 따라서 안철수연구소에게는 새로운 비즈니스 모델과 시각이 필요해졌다. 소프트웨어와 보안에 중심을 두고 있어야 스마트폰 관련 사업의 리더십을 발휘할 수 있게 되는 것이다.

이에 2010년 3월, 안철수연구소는 안드로이드와 아이폰용 보안 솔루션 'V3 모바일'을 출시했다. 안드로이드용 V3 모바일은 안드로이드폰 플랫폼 기반의 스마트폰에서 악성코드를 탐지·치료·삭제해주며, 동작 중인 모든 프로세스의 실시간 검사, 실행 파일과 일반 파일(SD카드 영역, 내장 메모리)의 수동 검사를 수행한다. 또한 행위 기반 탐지 기법을 활용해 개인 정보 접근 권한을 과도하게 가지는 애플리케이션을 탐지하기도 한다.

안드로이드 애플리케이션은 특별한 검증 절차가 없기 때문에 행위 기반 탐지는 알려지지 않은 악의적 애플리케이션을 예방하는 필수 요소이다.

또한 아이폰용 V3 모바일 플러스는 아이폰의 탈옥 여부를 체크해준다. 아이폰의 경우 애플 앱스토어에서 제공하는 애플리케이션만 다운로드할 수 있는 정상 폰에서는 악성코드가 작동할 가능성이 거의 없다. 따라서 아이폰으로 뱅킹, 증권 등을 할 때 탈옥 여부를 탐지함으로써 안전한 거래를 보장하는 기능을 제공한다. V3에 이은

V3 모바일이 또 하나의 명품 대열에 도전장을 던진 것이다.

사실 안철수연구소가 스마트폰 보안 분야에서 지금과 같은 리더십을 발휘할 수 있는 이유는 지난 10년 동안의 기술 개발이 있었기 때문이다. 그동안 모바일 보안 분야는 경제성이 불투명했다. 그럼에도 안철수연구소는 강한 의지로 지속적인 준비를 해왔다. 우선 PDA에서 팜 운영체제의 점유율이 높다는 점에 주목해 2001년 12월 PDA용 V3 모바일을 국내 최초로 개발했다. 그때는 이미 '리버티' 등의 바이러스가 발생했고 S사 등은 백신도 갖고 있었다. 세계 무대에서 보자면 경쟁사보다 한발 늦은 개발이었다.

하지만 당시 국내에서는 PDA가 널리 보급되지 않아 PDA용 백신도 그다지 쓸 일이 없었다. 설사 그렇더라도 만의 하나 바이러스가 퍼지면 걷잡을 수 없는 사태로 번질 가능성이 커 준비는 철저히 해둬야 했다. 비슷한 맥락에서 안철수연구소는 2002년부터 SK텔레콤 등과 공동으로 휴대전화의 플랫폼을 구성할 무렵에 이미 백신 탑재를 고려해 기획 개발했다. 그러한 기술 개발을 위해 마치 겨울잠을 자듯 연구에 매달렸던 이성근은 밝은 미소를 지었다.

"겨울 내내 파견 나가 고생한 끝에 2003년 4월에 위탑 WI-TOP 플랫폼에 들어가는 백신을 세계 최초로 선보였습니다."

위탑 플랫폼 역시 PDA 때처럼 널리 확산되지 않아 바이러스가 발생하지 않았지만 혹시라도 망이 개방되거나 인터넷과 연결되면 바이러스나 웜이 생길 가능성이 크다는 판단 아래 대비한 것이다.

안철수연구소는 특히 컨버전스 시대를 맞아 끊임없이 진화하는 휴대전화 단말기에 맞춰 모바일용 백신 개발에 투자를 거듭했다. 그 결과 2004년 6월 SK텔레콤 등과 공동으로 한국형 무선인터넷 플랫폼인 위피 WI-PI 기반 휴대전화용 백신 V3 모바일을 세계 최초로 개발하는 데 성공했다. V3 모바일에서 안철수연구소가 버는 돈은 거의 없다. SK텔레콤으로부터 개발비 일부와 서비스 제공비 약간을 받은 게 전부이다. 밑져도 한참 밑지는 사업이지만 안철수연구소는 통신 대란을 미리 막는다는 공익 목적에서 손해를 감수했다.

이미 2003년에 개발을 끝내고 출시 시점을 타진하고 있는 윈도 모바일 운영체제를 장착한 스마트폰용 백신도 비슷한 경우이다. 콘텐츠를 생산해 인터넷에 올려놓으면 누구나 자유롭게 프로그램을 사용할 수 있는 스마트폰 시대가 본격적으로 열리면 이에 따른 모바일 보안 사고도 늘어날 확률이 높아 미리 대책을 마련해둔 것이다.

이러한 노력은 조금씩 빛을 발했다. 2005년 7월 말부터 마이크로소프트의 윈도 모바일 운영체제를 탑재한 스마트폰이 국내에 본격적으로 선보였고, 2006년 10월에는 삼성전자 애니콜 Fx폰에 모바일 보안 제품이 탑재되었다. 그리고 아이폰과 안드로이드폰이 국내에 출시되면서 IT 업계는 혁명적이라 할 패러다임 전환기로 술렁거리기 시작했다. 그러나 V3 모바일은 준비된 역량을 바탕으로 삼성전자, LG전자, 모토로라 등 휴대폰 제조기업과 대부분의 금융기관에 이미 공급되고 있었다. 스마트폰의 끝없는 진화는 10년 전, 1%의 가능성으로 시작한 안철수연구소에 새로운 기회로 다가온 것이다.

"현재 우리나라는 과도기에 있습니다. 사회적 변화를 이루고 있고, 아이폰을 통해 많은 충격을 받고 있죠. 물론 우리가 이런 충격을 받고 있는 배경에는 여러 가지 이유가 있습니다. 대기업 중심의 산업생태계, 제조업 위주의 취약한 구조, 창의력과 콘텐츠의 부재로부터 비롯된 겁니다."

안철수연구소 대표 김홍선의 말에는 많은 의미가 내재돼 있다. 1983년 고등학교 시절부터 〈마이크로소프트웨어〉 잡지에 글을 실었고, 현재 안철수연구소의 모바일개발팀을 이끌고 있는 최은혁의 말을 들어보면 김홍선의 사업 전략이 확실하게 읽혀진다.

"현재를 두고 과도기라는 말을 많이 합니다. 현실적으로 산업 구조가 소프트웨어 시장으로 넘어가고 있다는 거죠. 이 과정에서 정부가 우왕좌왕하고 있고, 그렇다고 소프트웨어에 대해 제대로 이해하고 있는 업계도 없고요. 우리 안철수연구소의 몫인 거죠. 그중에서 우리 모바일개발팀은 회사가 소프트웨어 경영으로 들어가는 데 있어 그 틀을 다질 수 있는 역할을 해야 하지 않을까 싶습니다."

이 말은, 모바일 시장이 커지면서 앱스토어 같은 곳에서 '구매'라는 것을 경험한 소비자들의 요구에 의해 더 많은 소프트웨어가 유통될 것에 대비해, 안철수연구소의 모바일개발팀이 주도적인 역할을 하게 될 것을 의미한다.

이에 따라 안철수연구소의 스마트폰 사업은 크게 세 가지 역할을 하게 된다. 보안 영역에서는 V3 모바일을 중심으로 스마트폰의 안전한 인프라를 구축하고, 스마트폰을 통해 활성화되는 각종 소프트웨어를 담을 수 있는 서비스 플랫폼을 구성하며, 마지막으로 앱스토어 생태계 전반의 안전을 지원하는 플랫폼을 제공하는 것이다.

이를 뒷받침하듯 업계 안팎에서는 경제위기 극복을 위해 IT 산업에 힘을 쏟아야 한다는 목소리가 높다. 특히 소프트웨어 산업 발전을 가장 앞세워야 한다는 주장이 설득력을 얻고 있다. 하드웨어 기술은 소프트웨어 개발 능력이 없으면 경쟁력을 갖출 수 없다. 크든 작든 모든 첨단기기는 소프트웨어 기술이 바탕이 되고 있기 때문이다. 네트워크 보안, 게임, 웹개발, 인터넷 뱅킹 기술 등등.

안타까운 사실은 여전히 많은 사람들이 소프트웨어는 '돈 주고 사는 것이 아니다'라는 인식을 갖고 있다는 것이다. 개인·기업·정부 모두가 인식의 전환을 이루어야 한다. 아울러 체계적인 교육과 지원체계를 갖춰 소프트웨어 산업 발전을 위해 노력해야 한다. 앞장서서 소프트웨어 산업을 이끌어야 할 대규모 IT 서비스 기업들이 오히려 중소 소프트웨어 기업의 앞길을 가로막고 있는 것이다.

실질적으로 일자리 창출은 대기업이 아닌, 중소기업이 하고 있다. 따라서 중소기업이 생존할 수 있는 환경이 마련돼야 한다. 일본의 경우만 해도 중소기업과 대기업이 평등한 거래를 한다. 반면 우리나라에선 이런 환경이 멀기만 하다. 대기업과 중소기업이 상하관계로 존립하는 수직구조에서 대등하고 평등한 관계로 상생하는 수평적인 구조로 산업 생태계를 만들어야 소프트웨어 산업이 살 수 있다.

따라서 안철수연구소는 하드웨어 기반, 대기업 위주의 산업 구조
가 한계를 드러내는 상황에서 소프트웨어 산업의 불씨를 살리는 데
기여하고자 한다. 즉, 벤처 정신과 연구개발 인프라, 정보보안 핵심
기술을 보유한 소프트웨어 업계 리더로서 혁신적인 소프트웨어 육
성으로 양질의 일자리를 창출하고자 한다. 특히 스마트폰, 소셜네
트워크, 클라우드를 아우르는 분야에서 창의적이고 혁신적인 아이
디어와 사업 모델 발굴에 집중력을 발휘하고자 한다.

존경받는 글로벌 기업으로

안철수연구소는 수많은 소프트웨어 기업들이 사라져간 격동의 혼
란기에도 살아남았다. 그 원동력은 안철수연구소라는 브랜드를 인
정해준 사용자들에게서 나온다. 안철수연구소는 지난 1988년 V3
탄생 이래 안전한 IT 세상을 위해 한 길만을 달려왔다. 무엇보다 기
업이 공익적일 수 있다는 가치를 실현하기 위해 애써온 노력이 사용
자에게 신뢰의 탑을 쌓게 한 것이다.

보안이란 것은 깊이가 있어야만 가능한 분야이다. 덜렁 값싼 외
산 엔진 들여와 껍데기를 씌우고 백신을 배포하는 것은 진정한 보
안이라 할 수 없다. 사명감과 책임감이 깊이 있게 수반돼야 진정한
보안을 감당해낼 수 있다.

안철수연구소는 급변하는 IT 환경과 그에 따른 사용자의 요구를
제품과 서비스를 통해 충족함으로써 세계에서 존경 받는 소프트웨

어 기업으로 도약한다는 비전을 향해 나아가고 있다. 장기적으로는 구성원 모두 핵심 가치를 진심으로 믿고 지속적으로 견지해나가는 '영혼이 있는 기업'을 만들고자 한다.

누구도 얕볼 수 없는 독보적인 기업이 되는 것. 보안 업종에서의 확고한 위상, 신뢰받는 브랜드, 안정적인 경영권과 재무 역량, 투명한 기업 문화를 바탕으로 그 비전을 이루어나갈 것이다.

그동안 안철수연구소는 국가의 공익을 위해 전사 차원에서 노력해 왔다. 모든 직원들이 열정과 실력을 갖추었고 실제 사회 각 분야에서 활동하는 사람들 중에는 안철수연구소에서 훈련을 받은 사람도 많다. 따라서 안철수연구소는 보안, 더 나아가 IT 리더를 키워내는 조직으로 성장하며 인재를 육성하는 기업으로 거듭날 것이다.

2010년 안철수연구소 600여 명(해외법인 포함)의 전 직원은, 사명감과 책임감으로 무장하고 고객의 소리에 더더욱 귀 기울여 소통의 리더십을 발휘해 존경 받는 기업으로 성장하고자 한다. 이제부터가 진짜 시작인 것이다.

안철수연구소, 가지 않은 길이 내 길이다

늘 꼼꼼히 준비하고 챙겨도 사람이 하는 일에는 반드시 시원찮은 일이 따라다닌다. 이를 호사다마 好事多魔 라고 하던가? 그러니 장점에 붙어 다니는 단점을 곱지 않은 시선으로 볼 게 아니라 어떻게 관리해야 할지 고민하는 자세가 필요하다.

사실 단점, 즉 위기를 잘 활용하면 그것은 얼마든지 장점으로 전환이 가능하다. 이는 위기라 해서 좌절하지 않고 기회로 삼고, 기회일 때는 자만하지 않고 위기로 여겨 항상 건전한 긴장을 늦추지 않아야 한다는 의미이다. 그런데 이게 어디 쉬운 노릇인가?

그 쉽지 않은 일을 안철수연구소는 해냈다. 그러면서도 안철수연구소 사람들은 한사코 손사래를 치며 그렇지 않다고 말한다. 자기 자신과 치열한 전쟁을 치르며 꿈을 현실로 만든 20여 년의 흔적을 겸손하게 바라보는 것이다.

외환위기가 닥쳤을 때 안철수연구소는 보수적인 경영 방식으로 위기를 기회로 삼았고, 대부분의 기업이 개발 예산을 축소할 때는 오히려 더 많은 자원을 연구 개발에 쏟아 부었다. 잘못이 있을 땐 변명하기보다 두 번 다시 용서를 빌지 않기 위한 변화를 꾀하고, 사회적 버블이 기승을 부릴 땐 부화뇌동하지 않는 원칙으로 일관했다.

그렇게 해서 창업 10년째인 2005년 신화창조를 이룬 벤처기업 반열에 우뚝 섰다. 그리고 그 신화창조의 주역인 창업자 안철수는 조용히 퇴장했다. 최고의 순간에 아름다운 퇴장을 한 것이다.

2008년 5월, 3년간의 유학을 마친 그가 돌아왔다. CEO가 아닌 KAIST의 석좌교수로. 유학길에 오른 첫 1년간 그는 스탠퍼드 대학에서 관심 있는 과목들을 수강하고, 실리콘밸리에 있는 벤처 캐피탈 회사에서 EIR_{Entrepreneur in residence}로 일을 배웠다. 이후 2년간 펜실베이니아 대학 와튼스쿨에서 경영자 MBA 과정을 마친 다음, 함께 공부한 동기들의 유혹을 뒤로 한 채 서둘러 귀국했다. "유학은 의미 있는 일을 하기 위한 준비로 선택한 것이자 약속이었습니다. 하루도 헛되이 보낼 수는 없었습니다."

그의 귀국 인사에는 안철수연구소의 CLO_{Chief Learning Officer}로서 우리나라 중소 벤처 산업이 뿌리내리고 발전하는 데 기여하고자 하는 강한 의지와 설렘이 담겨 있다.

그는 우리나라에서 벤처기업이 실패하는 원인을 세 가지로 진단했다.

첫째, 경영자와 각 분야 실무자의 실력 부족.

둘째, 기업 지원 인프라, 즉 인력을 제공하는 대학, 자본을 제공하는 벤처캐피탈, 대표자 연대보증 같은 제1금융권의 금융 관행, 정부 제도, 전문성 있는 아웃소싱 산업 등의 미흡.

셋째, 대기업 위주의 산업 구조.

"이 세 가지 원인 중 업계 스스로 노력해서 개선할 수 있는 부분이 '중소 벤처기업 종사자들의 역량을 키우는 일'입니다. 그런데 우리나라에는 중소기업들이 보고 배울 수 있는 곳이 없어요. 독학 혹은 노력으로 실력을 기르는 데는 한계가 있고, 경험으로 채울 수 없는 부분이 있다는 게 현실적으로 안타깝죠. 제가 할 수 있는 일은 실수와 실패를 반복할 수밖에 없는 상황을 바꿀 수 있도록 각 분야에서 전문성 있는 인재를 기르는 데 일조하는 겁니다."

그는 여러 대학에서 풀타임 교수 제안을 받았다. 그중에는 의대와 경영대도 있었지만 점점 깊어지는 이공계 기피 현상으로 가치사슬의 처음 부분이 망가지고 있다는 위기의식 때문에 KAIST를 선택했다. 실제로 IT의 핵심 인재가 어느 날 갑자기 사법고시를 보겠다며 사표를 던졌다는 이야기는 어제 오늘의 일이 아니다. 그는 이러한 흐름을 바꾸는 데 조금이라도 도움이 되기 위해 KAIST를 선택한 것이다.

한편 그는 나머지 두 가지의 실패 원인은 개인이 아닌 국가 차원에서 나서야 할 일이라는 것을 강조했다.

"중소 벤처기업은 국가 경제 포트폴리오로서의 관점, 일자리 창출, 대기업에 창조력과 구매력을 제공해준다는 면에서 의미가 있습니다. 2,000만 명에게 일자리를 제공해주는 중소 벤처기업들이 건실하게 성장할 수 있도록 진정 국가에서 걱정해야 하지 않겠습니까?"

그리고 2009년 6월 17일. 안철수는 MBC 예능 간판 프로인 '무릎팍 도사'에 출연해 '안철수 신드롬'을 불러 일으켰다.

"자기 자신에게 줄 수 있는 가장 큰 선물은 스스로에게 기회를 주는 겁니다"라는 그의 말 한마디에 세상이 들썩거렸던 것이다. 전혀 새로울 게 없는 메시지였지만, 시대에 떠밀려 코너에 있던 수많은 젊은이들에게는 숨통을 트이게 한 뇌관이자, 소통의 제스처였다.

그가 끊임없이 새로운 일에 도전하며 오늘에 이른 것은 그의 말마따나 매번 스스로에게 '기회'를 선물했기 때문이다. 그것이 설령 아무도 가지 않은 길일지언정 마다않고 스스로에게 기회를 선물했다. 그러니 그의 말은 행동에 직선으로 연결된 바로 그 자신이었기에 그의 몸짓 하나, 말 한마디는 강한 폭발력을 가질 수밖에 없다.

아울러 모두는 알고 있다. 그 길이 결코 쉬운 길이 아니라는 것을.

그래도 안철수와 안철수연구소 사람들은 다시 출발한다. 세상과 소통하며 낯선 미래를 향해 닻을 올렸던 처음처럼, 가보지 않고는 아무도 알 수 없는 그 미래를 향해 또 다시 출항이다.

안 철 수 연 구 소
THE SAFEST
NAME IN THE
WORLD